이게 되네?
나노바나나 AI 비포&애프터
미친 활용법 71제

들어가며

 **"이미지 생성이 어려워서 망설였던 분들을 위해 만든 책입니다.
이제 즐겁게, 부담 없이 당신의 감성을 그대로 표현해보세요."**

저는 디자인을 전공했고, 포토샵이나 일러스트레이터 같은 그래픽 툴을 오랫동안 다뤄왔습니다. 저에게는 익숙하고 편안한 도구들이었지만, 강의 현장에서 만난 많은 분들에게는 전혀 다른 세상이었습니다. "버튼이 너무 많아요", "조금만 하려 해도 어렵고 복잡해요"라는 말을 들을 때마다, 누구나 이미지를 멋지게 다루고 싶어 하지만 그 길이 생각보다 멀고 험하다는 사실을 실감했습니다.

그러던 중, AI라는 새로운 도구가 나타났습니다. 특히 나노바나나, 소라 같은 모델은 복잡한 툴을 몰라도 "배경을 바꿔줘", "좀 더 따뜻한 분위기로 해줘"라는 간단한 말만으로 이미지를 편집해줍니다. 버튼을 헤매느라 시간을 낭비할 필요 없이, 아이디어와 상상력을 바로 현실로 옮길 수 있는 문이 열린 것이죠.

이 책은 그 문 앞에서 망설이는 여러분을 위해 쓰였습니다.

AI가 궁금하지만 어디서부터 시작해야 할지 모르는 초보자라면, 이 책은 가장 쉬운 첫걸음이 될 것이고, 취미로 사진이나 그림을 즐기는 분들에게는 "나도 이런 작품을 만들 수 있구나" 하는 뿌듯함을 안겨줄 것입니다. 그리고 실무에서 이미지를 다뤄야 하는 직장인에게는 시간을 절약하고 성과를 높이는 강력한 도구가 되어줄 것입니다.

저는 이 책이 단순한 사용 설명서가 아니라, '나는 못해'라는 생각을 '나도 할 수 있네'라는 자신감으로 바꿔주는 작은 선물이 되길 바랍니다. 결국 AI는 소수의 전문가만을 위한 것이 아니라, 누구나 창의적으로 사용할 수 있는 도구니까요.

이제는 버튼 대신 말로, 주저함 대신 즐거움으로, 여러분의 이야기를 그려낼 차례입니다. 이 책이 그 길을 함께 걸어주는 든든한 동반자가 되기를 바랍니다.

2025년 12월

쌩초

이게 되네?
이 책을 미리 읽은 전문가가 말합니다

AI 이미지를 다룬 책은 많지만, 이렇게 '진짜 현장'의 감각으로 쓴 책은 드뭅니다. 단순한 프롬프트 나열이 아니라, "이게 되네?" 싶은 실전 팁과 감각들이 살아 있고, 사진부터 패션, 제품, 인물, 브랜딩까지 AI 이미지가 필요한 모든 장면이 정리되어 있습니다. AI를 그냥 그림 그려주는 도구로만 봤다면, 이 책은 그 생각을 완전히 뒤집을 겁니다. 실무자에게는 가이드북, 크리에이터에겐 영감 노트, 그야말로 'AI 미친 활용법 사전'입니다.

노웨이(@nnnowayyy), AI 광고 영상 프로덕션 PUNCH-LINE FILM 대표/감독

이 책은 초보자의 눈높이에서 가장 빠르게 결과를 만들 수 있는 길을 보여줍니다. 복잡한 개념 대신, 실전 예제와 응용 팁 중심으로 구성되어 있어 바로 작업에 활용할 수 있습니다. 이 책을 끝까지 따라가다 보면, 어느새 '초보'였던 자신이 결과물을 만들어내는 '창작자'가 되어 있을 겁니다. AI가 어렵다는 편견을 깨고, 가장 현실적인 첫걸음을 제시하는 책. 처음 시작하는 모든 분께 이 책을 자신 있게 추천합니다.

그림달(@ai_grimdal), 한국AI작가협회 이사

AI로 이미지를 편집하는 방법이 이렇게 다양할 줄은 몰랐습니다. 예전엔 포토샵이 필수였는데, 이제는 AI로 인물 합성이나 이미지 보정까지 손쉽게 할 수 있다니 정말 놀랍습니다. 쌩초 님은 이런 기술을 누구나 따라 할 수 있도록 친절하게 단계별로 정리했습니다. 예제를 하나씩 따라 하다 보면, 나도 모르게 AI 이미지 편집 실력이 쑥쑥 자라납니다. 덕분에 앞으로 SNS에 올릴 게시물 퀄리티도 한층 높아질 것 같네요.

까망고니(@kkamang_goni), 《까망고니의 블렌더 레벨업 아카이브 with AI》 저자

AI로 이미지를 그냥 만들어보는 시대는 지났습니다. 이제는 내가 상상한 그대로 제대로 정교하게 만들어내는 시대입니다. "이게 될까?" 싶었던 이미지를 "어? 이게 되네?" 라는 현실의 결과물로 바로 바꿔주는 71가지 실전 비법이 가득 담겨 있습니다. 콘텐츠 제작자, 마케터라면, 혹은 AI로 이미지를 다루는 분이라면 이 책보다 확실한 가이드는 없을 겁니다. 여러분의 AI 이미지 수준을 한 차원 높여줄 필독서입니다!

시바AI(@itsshibaai), AI 스레드, 뉴스레터 운영자

이 책은 AI를 정말 쉽게 설명하면서도, 결과물로 바로 이어질 수 있게 도와줍니다. 포토샵처럼 복잡한 도구를 몰라도 따라 할 수 있게 단계별로 정리되어 있어, 딱 제가 좋아하는 스타일입니다. 책을 읽다 보면, 옆에서 친절하게 알려주는 사람과 함께 작업하는 느낌이 들어요. AI가 어려운 기술이 아니라, 일상에서 나를 도와주는 현실적인 도구가 될 수 있다는 걸 보여주는 책이라 강력 추천!

나민수(@naminsoo_ai), AIXLIFE 대표

이게되네?
먼저 읽은 독자의 인사이트를 확인하세요

저는 광고 카피라이터이지만 카피, 디자인, 영상, 온·오프라인의 경계가 사라지고 있음을 실감하며 계속 이쪽 분야에 관심을 가져왔습니다. 이 책은 우선 제목에서부터 마음을 확 사로잡았습니다. "이게 되네?"라는 제목이 실제 예제를 풀고 바로 결과를 확인해보는 과정에서 나올 수밖에 없는 감탄사인 것 같습니다.

김건호, 서울시청 홍보과 주무관(카피라이터)

단순히 도구를 다루는 법을 넘어, '어떻게 하면 더 설득력 있는 이미지를 만들 수 있을까'를 알려주는 책입니다. 모델을 고용하고 촬영까지 진행하는 데 드는 비용과 시간을 절감할 수 있는 현실적인 가이드가 되어줍니다.

문상미, 프리랜서 웹디자이너

온라인에서 AI 이미지 활용하는 것을 보면서 왜 나는 저렇게 안 나오지? 저건 어떻게 나오게 하는 걸까? 궁금했던 저에게 마치 단비 같은 책이었어요. 따로 찾지 않아도 요즘 유행하는 프롬프트들은 다 있는, 마치 AI 프롬프트 백과사전 같은 책이에요. 실제로 바로바로 쓸 수 있는 프롬프트와 프롬프트 입력 전후가 비교 되어있어 결과물을 바로바로 눈으로 볼 수 있는 점도 좋았습니다.

우와, 핫츠핫츠 온라인스몰브랜드 운영팀장

AI 툴을 통해 배우는 AI 세대 디자이너에게 꼭 필요한 이미지 생성 과정을 명확하고 빠르게 이해할 수 있는 책입니다. 읽다 보면 작업 속도가 자연스럽게 향상되고, 이제는 없어서는 안 될 AI 디자인 필수서라는 생각이 들게 됩니다. AI 기반 이미지 제작을 배우고 싶은 모든 분께 자신 있게 추천해 드립니다.

이은지, 엔에스홀딩스 사원

"이게 된다고?" 네, 됩니다. 이 책은 복잡한 포토샵 이론서가 아닌 '복사', '붙여넣기'만으로 마법같은 결과물을 안겨주는 실전 프롬프트 모음집입니다. 내 평범한 셀카를 전문가용 프로필 사진으로 바꾸고, 흐린 날을 화창한 날씨로 한 번에 바꾸는 등, 전문가의 능력을 내 자산으로 '복붙'시키는 예제들이 가득합니다.
AI에 대한 막연한 두려움이나 거부감으로, 거스를 수 없는 변화의 속도 앞에서 '나만 뒤처지는 건 아닐까?' 불안해하는, 진심으로 안타까운 내 주변 동료들 모든 분께 이 책을 권합니다. AI가 '내 밥그릇의 침략자'가 아니라, 이렇게나 즐겁고 내 생활과 밀접하게 붙어 있는 '내 능력'이 될 수 있음을 일깨워주는 최고의 가이드가 될 것입니다.

이재현, 주식회사 윗유 AI솔루션팀 크리에이티브 디렉터

이 책을 읽는 내내, 책 제목 그대로 "AI 이미지로 이렇게까지 할 수 있다고?"라는 생각이 들었습니다. 단순히 예제를 따라 만드는 단계에서 끝나지 않습니다. 막 찍은 사진을 상업 이미지처럼 연출하고, 제품만 찍힌 사진을 모델과 자연스럽게 합성하고, 매장 사진을 감각적인 3D 공간으로 구현하는 과정까지 고급 스킬을 직접 손으로 익히며 배웁니다. 전문가가 아니라도 어렵지 않습니다. 재미있게 따라 하다 보면 실력이 자연스럽게 올라갑니다. 콘텐츠를 만드는 사람이라면 책장 가장 가까운 곳에 두고 오래 참고하게 될 책입니다.

장선희, 스튜디오 선 대표

미드저니를 처음 접한 지는 꽤 되었지만, 기능만 알고 제대로 활용하지 못한 경우가 많았습니다. 이 도서는 실무 중심의 활용법과 유용한 팁들을 한눈에 이해할 수 있도록 구성되어 있어, 언제든 곁에 두고 필요한 부분을 찾아볼 수 있는 든든한 안내서입니다. 다양한 예제를 통해 나만의 멋지고 창의적인 이미지를 디자인할 수 있게 되었습니다. 이 책과 함께, 여러분도 마음껏 디자인해보세요!

멜팅, 프리랜서

실습에 대한 프롬프트와 예제 이미지로 구성된 탄탄한 과정이 인상 깊었고, 얼른 실제 작업에 예제와 예시를 활용해보고 싶어졌습니다. 직접 사고할 수 있게끔 유도하고 또 활용하기 좋은 구성이 매우 만족스러운 책이었습니다!

귤, 프리랜서 디자이너

완성된 줄 알았는데, 늘 어딘가 20% 부족했던 그 느낌. 그 중 15%를 채워주는 마법 같은 책이 나타났습니다. 프롬프트 초보에게 따뜻한 손을 내미는 '쌩초' 작가님은 산타클로스가 아닐까요?

임현지, 오르비스 마케팅 팀장

어디서부터 시작해서 어떻게 만들지? 각기 다른 상황에 대처하기 힘들었는데, 이 책을 읽고 다양한 상황의 대처 방법에 대한 감을 잡을 수 있었습니다. 그렇게 하나씩 하나씩 배워나가다 보니 나중에는 책에서 배운 부분으로 내가 원하는 이미지를 도출할 수 있었습니다.

요니, 라온 디자이너

이 책을 보는 방법

예제 파일 & 완성 파일
독자 제공용 파일을 내려받은 후 실습을 진행하세요.

미친 활용 11

인물이 제품을 들고 있는 광고 사진 만들기

예제 파일 11_before_1.png, 11_before_2.jpg
완성 파일 11_after_1.png, 11_after_2.png, 11_after_3.png

사용하는 AI 툴을 표시했어요.

브랜드나 제품의 분위기와 걸맞는 모델 이미지를 생성하고 합성하겠습니다. 모델 사진이 없다면 기본 제공되는 예시 이미지를 활용해도 무방합니다.

미드저니

> Close-up portrait of a Korean woman in her early 20s. Simple black sleeveless dress, porcelain smooth skin, natural glossy make-up, pink nude lips and subtly glowing cheeks. Hair is styled in a neat low bun, with strands flowing naturally, emphasising minimalist beauty. Pose with shoulders slightly turned, hands gently resting on shoulders. Soft neutral-toned background, studio softbox lighting, ultra-high resolution, realistic skin, mixed front and side angles. --ar 4:5 --raw --stylize 50
>
> 20대 초반의 한국 여성 클로즈업 인물 사진. 검은색 민소매 원피스, 도자기같이 매끈한 피부, 자연스러운 글로시 메이크업, 핑크 누드 립, 은은한 광채가 도는 볼. 단정한 로우번 헤어스타일에 잔머리가 자연스럽게 흐르고, 미니멀한 아름다움을 강조한 뷰티 스타일. 어깨를 살짝 틀고, 손을 어깨 위에 부드럽게 올린 포즈. 부드러운 뉴트럴 톤 배경, 스튜디오 소프트박스 조명, 초고해상도, 리얼한 피부 표현, 전면-측면 혼합 앵글. --ar 4:5 --raw --stylize 50

프롬프트를 입력하면 원하는 이미지 5초 컷!

Before

먼저 합성하고자 하는 제품 이미지를 준비하세요.

NOTE 실습 중 등장하는 핵심 기능에 대해 깊이 있는 이해를 돕고, 놓치기 쉬운 필수 정보를 짚어드릴게요.

NOTE 한글로 프롬프트를 작성하면 보다 '한국스럽게' 이미지가 생성됩니다.

Ready? 실습 시작!
이번 실습을 통해 무엇을 배울지 명확히 제시해서 학습에 집중할 수 있게 도와드릴게요.

이번 실습에서는 실제 연예인이나 모델을 섭외하지 않고, AI로 생성한 모델을 활용해 광고 이미지를 제작하는 방법을 다룹니다. 제품 사진이 부족해서 걱정이신 사장님, 모델을 따로 쓰기 어려운 작은 브랜드·셀러에게 꼭 필요한 팁입니다. 전통적인 방식으로는 많은 시간과 비용이 필요합니다. 그러나 AI 모델 생성 방식을 사용하면 짧은 시간 안에 브랜드 콘셉트와 제품에 어울리는 이미지를 얻을 수 있습니다.

사용하는 AI 툴을 표시했어요.

나노바나나/씨드림

Woman elegantly holding cream cosmetics, luxury cosmetics advertisement photo.
크림 화장품을 우아하게 들고 있는 여성, 고급스러운 화장품 광고 사진.

"자연스러운 손과 팔을 만들어줘. 테이블과 토끼 인형 삭제, 불필요한 팔을 없애줘"

프롬프트에서 단어 몇 개만 바꿔보세요!

원본 이미지의 영향을 받아 부자연스러운 이미지가 생성된다면, 잘못된 부분을 수정해달라고 다시 명령해보세요. 특히 AI가 손 모양을 부자연스럽게 생성하면, '손 모양을 자연스럽게' 등의 프롬프트를 사용할 수 있습니다. 모델 이미지 참조없이 생성하는 것보다 이렇게 미리 모델을 생성한 뒤 제품을 합성해야 의도한 이미지를 더 정확하게 만들 수 있습니다.

쌩초보 꿀팁
친절한 쌩초 작가가 귀뜸해주는 실전 노하우를 방출해드릴게요.

 쌩초보 꿀팁 이미지를 광고 영상으로 만들어보세요!

생성한 이미지를 활용해 짧은 영상을 만들어보세요. 이미지만 사용할 때보다 훨씬 높은 광고 효과와 주목도를 얻을 수 있습니다.

미친 활용 11 인물이 제품을 들고 있는 광고 사진 만들기

이게되네?
골든래빗 독자 학습 100% 지원

골든래빗은 책을 구매하신 독자 여러분을 위해 다양한 학습 지원을 제공합니다. 오픈카톡방, 유튜브 강의뿐만 아니라 저자 선생님의 SNS를 통해 원하는 자료를 얻고 다른 사람들과 더 쉽게 공부해보세요.

👆 하나. 저자 선생님의 오픈카톡방을 활용하세요

책을 봐도, AI에게 질문해도 막막하게 느껴지셨나요? **자영업자, 셀러, 마케터로서 AI 디자인을 실전에 바로 적용하고 싶은 쌩초보 분들을 위해 저자 선생님이 직접 함께 공부하는 공간을 마련했습니다!**

1. 작업물과 아이디어를 공유합니다.

책에서 배운 지식은 물론, 현장에서 바로 효과 본 실전 노하우와 예시를 아낌없이 공유합니다. 직접 만든 디자인, 영상, 광고 이미지까지! 서로의 작업물을 보여주고 피드백을 주고받으며 실력을 빠르게 끌어올릴 수 있어요.

2. 즉시 질문하고 바로 답변합니다.

영상 제작, 이미지 수정, 마케팅 적용법 등 막히는 부분이 있다면 바로 물어보세요. 저자 선생님과 참여자들이 나서서 같이 해결해줍니다. 혼자 끙끙댈 필요 없어요. 든든한 팀처럼 함께합시다.

3. 실전 노하우와 고민을 나눕니다.

요즘 뜨는 툴과 디자인 트렌드를 함께 살피고, 실제 사례와 아이디어를 주고받습니다. 서로의 경험을 모아 나만의 디자인 무기를 만들어가세요. 같이 성장하는 디자인 커뮤니티입니다. AI 디자인, 혼자 고민하지 마세요! 함께 배우면 어렵지 않습니다.

- 즐겁게 배우는 쌩초보 AI 이미지&영상 정보방 : open.kakao.com/o/gGiRtK5h

✌ 둘. 저자 선생님의 유튜브 채널을 방문해보세요

책으로 AI 디자인을 공부하는 것도 좋지만, 움직이는 화면으로 직접 보고 따라 하며 더 쉽고 빠르게 배우고 싶다면 저자 선생님의 유튜브 채널을 방문해보세요! 언제 어디서든 편하게 영상을 통해 공부할 수 있습니다. [쌩초 컴퓨터실] 유튜브 채널에서는 AI 디자인 트렌드는 물론이고 어도비 포토샵, 일러스트레이터 꿀팁도 다루고 있습니다. 지금 바로 채널을 방문해서 생생한 디자인 노하우를 얻고 생성형 AI를 마스터하세요!

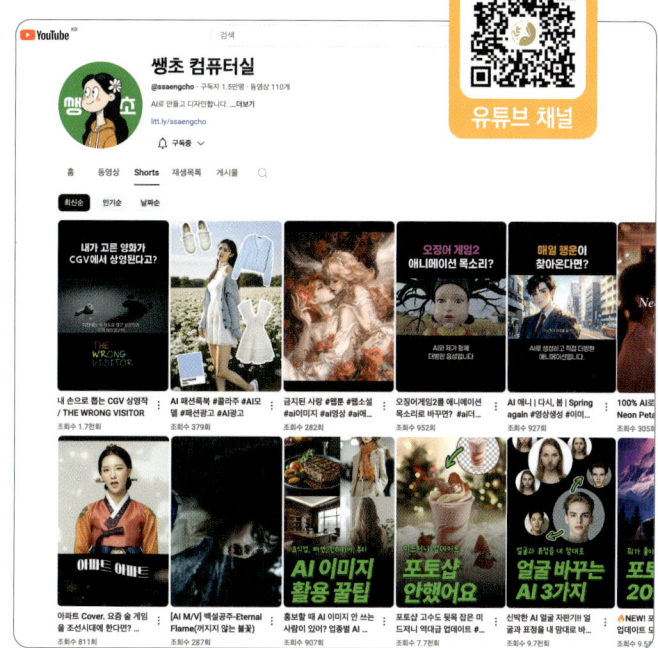

유튜브 채널

- 유튜브 채널 URL : youtube.com/@ssaengcho

✌ 셋. 독자 제공 파일을 내려받으세요

다음 링크에서 독자 제공용 파일을 내려받은 후 실습을 진행하세요. **예제 파일명은 실습 번호와 동일하게 라벨링되어 있습니다.**

예제 파일

- 예제 파일 다운로드 URL : bit.ly/4obZWMF

골든래빗 독자 학습 100% 지원

 넷. 나노바나나 AI 슈퍼 프롬프트 웹사이트를 활용하세요

책의 실습에 필요한 핵심 자료인 '나노바나나 AI 슈퍼 프롬프트'를 온라인에서 바로 이용하세요. 이 웹사이트는 AI 디자인 전문가 쌩초 작가의 핵심 노하우가 그대로 담긴 프롬프트 뱅크입니다. **일일이 타이핑할 필요 없습니다. 이곳에서 원하는 프롬프트를 바로 찾아서 복사(Copy), 붙여넣기(Paste)하여 활용하세요.** 물론 모바일에서도 접근 가능합니다. 특히 모바일 환경에서도 편리하게 이용할 수 있으니, 언제 어디서든 원하는 이미지를 즉시 만들 수 있을 겁니다. 프롬프트를 사용해보고 의견이 있다면 언제든지 댓글을 달아주세요. 지속적으로 프롬프트를 개선하고 업데이트하여 더 완성도 높은 자료를 제공하겠습니다.

- 나노바나나 AI 슈퍼 프롬프트 URL: gdrb-nanobanana.vercel.app

※ 본 프롬프트는 저자 쌩초의 작업물입니다. 이 책에서 제공하는 모든 프롬프트를 무단으로 상업적 재배포하거나 2차 저작물로 만들어 판매하는 행위를 엄격히 금지합니다.

Contents

들어가며 2
이 책을 미리 읽은 전문가가 말합니다 3
먼저 읽은 독자의 인사이트를 확인하세요 4
이 책을 보는 방법 6
골든래빗 독자 학습 100% 지원 8

PART 00 · AI 사진관 시작하기

| 질문 01 | 생성형 AI 이미지란? 17
| 질문 02 | 나노바나나란 무엇인가요? 18
| 질문 03 | AI가 만든 사진, 어떻게 믿을까요? 22
| 질문 04 | AI가 만든 사진, 더 멋지게 다듬기 24
| 질문 05 | 어디에서 만들 수 있나요? 26
| 매뉴얼 01 | 제미나이에서 이미지 생성하기 28
| 매뉴얼 02 | 프리픽에서 이미지 생성하기 30
| 매뉴얼 03 | 프리픽에서 이미지 편집하기 34
| 매뉴얼 04 | 포토샵에서 이미지 편집하기 36
| 매뉴얼 05 | 미드저니에서 이미지 생성하고 편집하기 ... 38
| 매뉴얼 06 | 위스크에서 이미지 생성하고 영상으로 변환하기 ... 52
| 매뉴얼 07 | 구글 믹스보드에서 이미지 생성하고 편집하기 ... 55
| 매뉴얼 08 | 그록에서 이미지 생성하고 영상으로 변환하기 ... 57
| 매뉴얼 09 | 소라에서 이미지와 영상 생성하기 59

Contents

PART 01

상업 이미지 디벨롭하기

미친활용 01	제품과 배경 합치기	64
미친활용 02	광고용 음식 사진 만들기	66
미친활용 03	음식 사진에 소품을 추가해 먹음직스럽게 바꾸기	68
미친활용 04	음식 옆에 두들 스타일로 재료 나열하기	70
미친활용 05	네일 팁을 손에 합성하기	72
미친활용 06	염색 이미지 만들기	74
미친활용 07	로고와 간판 만들기	76
미친활용 08	모델 사진에 패션 아이템 입힌 코디 사진 만들기	78
미친활용 09	모델이 착용한 패션 아이템 잡지 스타일로 콜라주하기	80
미친활용 10	제품을 돋보이게 하는 연출 컷 만들기	82
미친활용 11	인물이 제품을 들고 있는 광고 사진 만들기	84
미친활용 12	정확한 포즈를 지정한 광고 모델 컷 만들기	86
미친활용 13	여러 상품 컷 합쳐서 세트 상품 컷으로 만들기	88
미친활용 14	제품 실사 크기로 조절한 자연스러운 광고 사진 만들기	90
미친활용 15	제품 뚜껑 열린 모습 추가 촬영 없이 생성하기	92
미친활용 16	간단한 스튜디오 컷을 고급스럽게 바꾸기	94
미친활용 17	와이드 샷을 활용해 특정 영역 클로즈업하기	96
미친활용 18	패키지 디자인을 다각도 목업 이미지로 만들기	98
미친활용 19	책 표지 디자인하고 목업 이미지 만들기	100
미친활용 20	로고 디자인을 종이에 음각 인쇄하기	102
미친활용 21	조명 방향 자유자재로 다루기	104
미친활용 22	보케, 그림자 추가한 아날로그 감성 사진 만들기	106
미친활용 23	모션 블러 효과로 생동감 불어넣기	108
미친활용 24	기업 행사 홍보물에 넣을 일러스트 만들기	110

PART 02

사진과 그림의 경계 넘나들기

미친 활용 25	인테리어 스케치 도면을 3D 렌더링 이미지로 바꾸기	114
미친 활용 26	매장 사진을 3D 아이소메트릭 스타일로 바꾸기	116
미친 활용 27	인물 사진을 2D 웹툰이나 3D 블렌더 스타일로 바꾸기	118
미친 활용 28	아웃페인팅으로 배경 확장하기	120
미친 활용 29	실사 배경에 2D 캐릭터 합성하기	122
미친 활용 30	캐릭터 그림 하나만으로 네 컷 웹툰 만들기	124
미친 활용 31	일러스트에 컬러 칩 색감 적용하기	126
미친 활용 32	스마트폰 케이스 디자인 시안 만들기	128
미친 활용 33	사진 노이즈 말끔하게 제거하기	130
미친 활용 34	인물 사진 분위기 바꾸기	132
미친 활용 35	글 콘티를 영상 스토리보드로 만들기	134
미친 활용 36	캐릭터 시트 만들고 스토리 콘텐츠 제작하기	136
미친 활용 37	캐릭터의 다양한 표정 만들기	138

Contents

PART 03 — 포토샵 없이 인물 사진 '뽀샵'하기

미친 활용	제목	페이지
38	인물 사진 헤어스타일 바꾸기	142
39	자연스러운 민낯 연출하기	144
40	두 인물 사진을 한 컷에 합성하기	146
41	결점 없는 완벽한 피부 보정 완성하기	148
42	한 장의 사진으로 다양한 각도 이미지 생성하기 : 옆모습, 뒷모습, 비스듬한 옆모습	150
43	한 장의 사진으로 다양한 각도 이미지 생성하기 : 하이 앵글, 로우 앵글	152
44	아웃포커싱으로 인물을 돋보이게 만들기	154
45	메이크업 사진을 클로즈업 발색샷으로 만들기	156
46	손 모양 자연스럽게 만들기	158

PART 04 — 집에서 스튜디오로, 스타일 변환하기

미친 활용	제목	페이지
47	셀카를 잡지 표지로 변신시키기	162
48	특별한 순간의 파티 분위기로 연출하기	164
49	인물 사진을 명화 스타일로 바꾸기	166
50	인물 사진을 픽셀아트로 바꾸기	168
51	인물 사진을 민화 스타일로 바꾸기	170
52	여러 사진을 모아 하나로 콜라주하기	172
53	텍스트에 불꽃 효과를 넣은 섬네일 이미지 만들기	174
54	텍스트에 금속 재질을 입혀 강렬한 오브제 만들기	176
55	인테리어 스타일 변경하기	178
56	집안의 가구 바꿔보기	180

PART 05 — 내 일상을 화려하게 바꾸는 AI 마법

미친 활용	제목	페이지
57	소품 배치 시뮬레이션하기	184
58	스튜디오에서 촬영한 듯한 프로필 사진 만들기	186
59	일상 사진을 수채화 스타일 작품으로 바꾸기	188
60	반려동물 증명사진 만들기	190
61	반려동물 사진에 옷 입히고 배경 바꾸기	192
62	반려동물 사진을 캐릭터로 재현하기	194
63	흐린 날씨의 사진을 맑은 날씨로 탈바꿈하기	196
64	여러 사진을 하나의 키링으로 묶기	198
65	캐릭터가 제품 들고 있는 장면 만들기	200
66	흑백사진에 색을 입혀 생생한 추억으로 복원하기	202
67	저해상도 이미지를 고해상도로 업스케일링하기	204
68	실사 인물과 캐릭터를 한 장면에 합성하기	206
69	30년 후 이미지 만들기	208
70	미래의 내 자식 얼굴은?	210
71	인물 사진으로 영화 포스터 만들기	212

BONUS

AI 사진, 어디에 써먹나요? ········ 214

이게 되네?
PART
00

AI 사진관 시작하기

`나노바나나` `씨드림` `미드저니` `그록`
`제미나이` `프리픽` `포토샵` `소라`
`위스크` `구글 믹스보드`

여기서 공부할 내용

생성형 AI가 무엇인지, 왜 우리가 이미지 생성과 합성에 활용해야 하는지, 그리고 더 나은 결과물을 위해 어떤 점에 주의해야 하는지를 알려줍니다. 나아가 '나노바나나'와 '씨드림'을 비롯한 대표적인 생성형 AI 이미지 툴의 기본 사용법도 간단히 살펴봅니다.

생성형 AI 이미지란?

상상하는 모든 것을 현실의 이미지로 만들어내는 놀라운 기술! 전문가만 가능했던 창작의 영역이 이제 여러분의 손안으로 들어옵니다.

요즘 '생성형 AI'라는 말을 자주 듣습니다. 어렵게 느껴질 수도 있지만, 사실 아주 단순합니다. 생성형 AI란, 사람이 일일이 만들지 않아도 우리가 원하는 내용을 말해주면 스스로 새로운 결과물을 만들어주는 기술을 뜻합니다. 글, 음악, 코드, 그림 등 무엇이든 새롭게 만들어내기 때문에 '생성형'이라는 이름이 붙은 것이죠.

그중에서도 **생성형 AI 이미지**는 우리가 설명한 글이나 사진을 바탕으로 그림을 바꾸고, 새로운 이미지를 그려주는 기술입니다. 예를 들어 "이 사진을 맑은 날씨처럼 바꿔줘", "따뜻한 수채화풍으로 표현해줘"라고 말하면, 전문가가 복잡한 툴로 수정한 것처럼 자연스럽게 결과물을 만들어 줍니다.

그렇다면 왜 지금, 생성형 AI 이미지를 써야 할까요?

- **시간과 비용을 크게 줄여줍니다.** 촬영 장비나 스튜디오 없이도 원하는 이미지를 손쉽게 얻을 수 있습니다.
- **누구나 쉽게 창작**할 수 있습니다. 포토샵 같은 전문 툴을 배운 적이 없어도, 단순한 말 한마디로 결과물을 만들어낼 수 있습니다.
- **표현의 한계가 사라집니다.** 현실에서는 찍기 힘든 장면, 상상 속 그림까지도 자유롭게 구현할 수 있습니다.

생성형 AI 이미지는 이제 전문가의 영역을 넘어, 우리 모두가 창의적으로 활용할 수 있는 일상의 도구가 되었습니다. 이 책은 그 문 앞에서 망설이는 여러분에게 "나도 할 수 있구나"라는 확신을 전해줄 것입니다.

나노바나나란 무엇인가요?

포토샵보다 빠르고 AI 이미지보다 정교한, 구글의 차세대 이미지 편집 기술 나노바나나! 같은 인물을 수백 장의 이미지에서 일관되게 유지하는 '캐릭터 일관성'이 핵심입니다.

나노바나나는 구글에서 만든 최신 AI 이미지 편집 모델의 별칭입니다. 어렵게 들릴 수 있지만 간단히 말하면, 우리가 가진 사진이나 그림을 원하는 대로 바꿔주고, 새롭게 조합해주고, 스타일을 바꿔주는 똑똑한 프로그램이라고 보면 됩니다. 예를 들어 어떤 사람의 사진을 넣고 "이 사람을 바닷가에서 찍은 것처럼 만들어줘"라고 하면, 사진 속 인물이 다른 모습으로 바뀌더라도 같은 사람이라는 느낌이 유지되면서 자연스럽게 바꿔주는 게 나노바나나의 특징입니다. 기존의 AI 이미지 툴은 한 번 바꾸면 인물이 달라지거나 표정이 바뀌는 경우가 많았는데, 나노바나나는 그 부분을 훨씬 안정적으로 잡아주는 겁니다. 나노바나나는 다른 AI 이미지 툴에 비해 특히 다음과 같은 세 가지 장점이 있습니다.

나노바나나의 세 가지 장점

빠르고 자연스럽게 편집합니다. 기존 AI 툴은 사진을 새로 그려내는 경우가 많아 시간이 오래 걸리거나 결과물이 부자연스러울 때가 있었습니다. 또한 포토샵과 같은 전문 그래픽 툴은 실제로 전공자가 아니면 기능을 익히는 데 많은 시간과 노력이 필요해 쉽게 접근하기 어렵습니다. 그리고 복잡한 기능과 수많은 버튼 때문에 어디서부터 손을 대야 할지 막막하게 느껴집니다. 나노바나나는 이미 있는 사진을 기반으로 자연스럽게 바꿔주기 때문에 훨씬 빠르고 깔끔합니다. 포토샵 같은 전문 그래픽 툴에 비해서 난이도가 낮은 것은 물론입니다.

같은 인물이 그대로 유지됩니다. 다른 AI 툴은 같은 사람을 여러 장면에 넣으면 얼굴이나 머리 모양이 달라져서 "이 사람이 그 사람이 맞나?" 싶을 때가 많습니다. 하지만 나노바나나는 인물이 일관되게 유지되므로, 만화나 동화처럼 같은 캐릭터를 계속 써야 하는 작업에 훨씬 적합합니다.

여러 이미지를 합치기 쉽습니다. 예를 들어 강아지 사진과 배경 사진을 따로 넣으면 두 이미지를 자연스럽게 합쳐서 한 장면처럼 만들어줍니다. 다른 툴은 어색하게 합쳐지는 경우가 많은데, 나노바나나는 디테일이 맞아서 훨씬 자연스럽습니다.

나노바나나 프로(Gemini 3 Pro image)

나노바나나는 AI 이미지 생성의 역사를 새롭게 쓰고 있습니다. 2025년 8월, 처음 세상에 공개된 나노바나나가 빠르고 효율적인 이미지 생성의 시작을 알렸다면, 불과 3개월 만인 2025년 11월에 새롭게 등장한 나노바나나 프로는 전문가급 퀄리티의 압도적인 기준을 제시합니다.

항목	나노바나나(나노바나나1)	나노바나나 프로(나노바나나2)
사용 모델	Gemini 2.5 Flash	Gemini 3 Pro
해상도	1K	1K, 2K, 4K 초고해상도
텍스트 구현	낮은 정확도	매우 높은 정확도
일관성(페이스 스왑)	보통 수준 정확도	높은 정확도
종횡비	이미지 첨부 없을 시 1:1 정방형	원하는 종횡비 지정 가능

> **NOTE** 나노바나나2는 제미나이, 프리픽, 힉스필드 등에서 쉽게 사용이 가능하며 각 사이트마다 요금이 상이합니다.

첫째, 텍스트 렌더링이 완벽해졌습니다. 기존 AI가 흉내만 내던 '글씨 쓰기'가 완벽에 가깝게 해결되었습니다. 단순히 오타 없는 글자를 생성하는 것을 넘어, 이미지의 맥락을 이해하고 디자인합니다. 한글 표현력도 훨씬 자연스러워졌습니다. 글자가 그림 위에 둥둥 떠 있는 게 아니라, 붓글씨(캘리그라피)나 금속 각인처럼 이미지의 질감과 조명에 맞춰 자연스럽게 디자인된 상태로 생성됩니다.

두 번째, 페이스 스왑(얼굴 교체)과 의상 교체 합성의 정확도가 업그레이드되었습니다. 단순한 합성을 넘어 피사체의 3D 얼굴 구조와 피부 톤, 미세한 표정 변화까지 분석하여 교체합니다. 덕분에 고개를 돌리거나 조명이 어두운 까다로운 각도에서도 어색함 없는 결과물을 만들어냅니다. 가상 인플루언서 제작이나 패션 룩북, 스토리보드 등 캐릭터의 얼굴과 스타일 유지가 필수적인 전문 작업에서 압도적인 성능을 발휘합니다.

 +  →

세 번째, 실시간 정보를 스스로 찾아 이미지 생성 시 반영합니다. 나노바나나 프로는 실시간 웹 검색을 통해 현재의 세상 정보를 이미지에 반영합니다. "지금 롯데월드 타워의 날씨를 그려줘"라고 요청하면 실제 현재 날씨 데이터를 가져와 이미지를 그립니다. 그뿐만 아니라 오늘의 운세, 요리 레시피 등 살아있는 정보도 잘 그려줍니다.

나노바나나와 비슷한 씨드림Seedream

씨드림도 최근에 주목받는 AI 이미지 모델로, 캡컷CapCut으로 잘 알려진 바이트댄스ByteDance에서 만든 AI 이미지 생성·편집 모델입니다. 텍스트만으로도 이미지를 새로 만들 수 있고, 사진 보정이나 스타일 변환, 배경 교체에도 강점을 가지고 있습니다. 특히 고해상도와 디테일 표현이 뛰어나서 이미지의 완성도를 끌어올리고 싶을 때 많이 활용됩니다.

동일 프롬프트여도 나노바나나와 씨드림은 다른 결과물을 보여주기 때문에 **나노바나나에서 안 되면 씨드림을, 씨드림에서 안 되면 나노바나나를 활용**하는 식으로 두 모델을 함께 사용하면 서로의 장점만을 활용하여 훨씬 만족스러운 결과물을 얻을 수 있습니다.

▲ '미드저니'로 생성한 모델 이미지　　　▲ '나노바나나'로 제품을 합성한 이미지

합성한 실제 제품

AI가 만든 사진, 어떻게 믿을까요?

요즘 우리는 AI로 많은 이미지를 만들고 있습니다. 이 과정에서 우리가 가진 사진을 입력해 가공하기도 합니다. 우리가 올린 사진이 피해로 이어질지 걱정할 수도 있습니다. AI로 만드는 이미지가 과연 안전한지 두 가지 측면에서 살펴보겠습니다.

프라이버시를 지키자

첫 번째, **프라이버시** 측면입니다. AI에 내 얼굴이나 소중한 사진을 올려 가공할 때 내 사진은 안전할까요? 사진을 올리기 전 다음 두 가지는 꼭 기억하세요.

비밀 사진은 올리지 마세요. AI는 우리가 눈치채지 못하는 아주 작은 디테일(옷의 무늬, 배경의 작은 글자 등)까지 다 읽어낼 수 있습니다. 민감한 개인 정보나 사생활이 담긴 사진은 AI 편집에 쓰지 않는 것이 가장 좋습니다.

공식 앱만 사용하세요. "나노바나나 최신 버전 무료!" 같은 광고로 여러분의 사진을 요구하는 가짜 앱이나 사이트가 있을 수 있습니다. 이런 곳에 사진을 올리면 개인 정보가 해킹당할 수 있고 비싼 금액이 결제 될 수 있으니, 꼭 공식 앱이나 웹사이트만 사용하세요. 공식 제공 사이트는 **질문 05**에서 소개합니다.

진위 여부를 확인하자

두 번째, **진위 여부** 측면입니다. AI가 너무 진짜 같은 이미지를 만들어서, 나중에는 진짜 사진인지 AI가 만든 가짜 사진인지 헷갈릴 수 있습니다. AI 이미지는 자신만의 '디지털 지문'을 남깁니다.

AI의 '비밀 도장', SynthID. 나노바나나의 경우 생성하는 모든 이미지에 'SynthID'라는 눈에 보이지 않는 워터마크(도장)를 찍습니다. 누가 이 이미지를 나쁜 목적으로 사용하거나, 가짜 뉴스를 만들 때, 이 도장을 통해 AI가 만든 것임을 밝힐 수 있습니다.

하지만 이 SynthID는 일반 사용자는 확인할 수 없습니다. 그래서 가장 중요한 건 바로 사용자들의 약속입니다. 여러분이 AI 콘텐츠를 인스타그램이나 카톡에 올릴 때 'AI로 만들었다'는 것을 밝혀주세요. 이게 바로 멋진 **AI 사용 매너**랍니다!

보이는 사진을 무조건 믿지 마세요. 아무리 진짜 같아도 뉴스나 증거같이 중요한 정보에 관련된 이미지라면 "혹시 AI가 만든 건 아닐까?" 하고 한 번 더 의심해보세요. 최근 나노바나나로 만든 "아빠, 아빠 친구라는데 이 사람 알아?" 밈 시리즈가 유행했는데, 자식들의 장난에 전 세계 부모님이 감쪽같이 속아 넘어가는 일도 있었습니다. 여러분은 AI로 만든 장난에 속지 마세요!

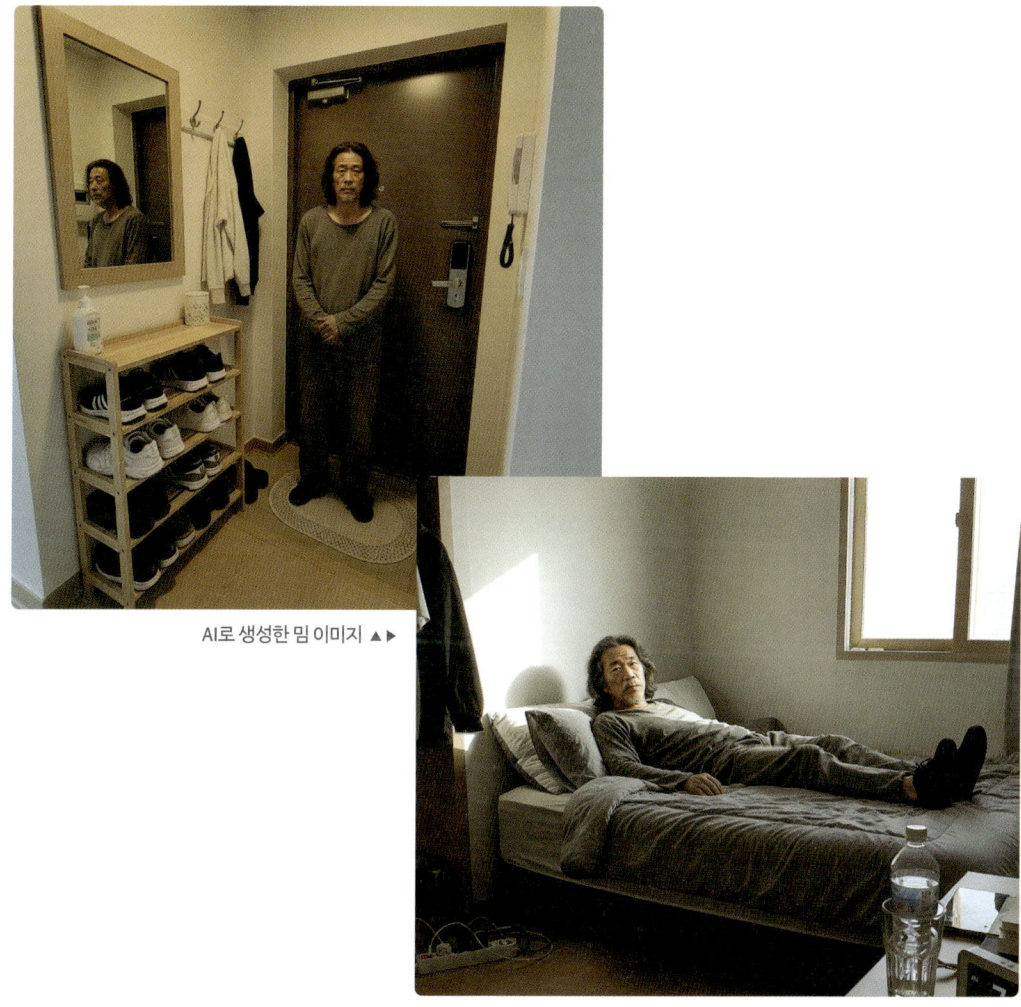

AI로 생성한 밈 이미지 ▲▶

AI가 만든 사진, 더 멋지게 다듬기

AI가 사진을 만들어줬는데, 뭔가 2% 부족하거나 원하는 대로 나오지 않을 때가 있죠? 마치 요리를 했는데 간이 안 맞는 것과 같습니다. 초보자도 쉽게 따라 할 수 있는 AI 결과물 품질을 높이는 방법을 소개하겠습니다.

AI는 똑똑하지만, 우리가 무엇을 원하는지 정확히 이해해야 멋진 결과물을 내놓습니다. AI에게 프롬프트하는 방법을 바꾸면 더 나은 결과를 얻을 수 있습니다. 다음과 같이 프롬프트 방법을 바꿔보세요. "빨리 해줘!" 같이 무작정 닦달하는 것보다 친절하고 자세하게 설명할수록 AI가 출력하는 이미지의 품질이 높아집니다.

- **세부 정보 추가하기** : 공룡 사진 그려줘. → 티라노사우르스가 푸른 숲에서 햇살을 받는 사실적인 사진을 그려줘.
- **스타일 명확히 하기** : 고양이 사진 편집해줘. → 내 고양이 사진을 디즈니 만화 스타일로, 파스텔 색감을 사용해서 그려줘.
- **부정 프롬프트 활용하기** : AI가 만들지 말았으면 하는 것을 알려줍시다. '손가락 찌그러짐 없음, 얼굴 뭉개지지 않게' 같은 단어를 프롬프트에 추가해서 AI가 오류를 만들지 않도록 미리 막을 수 있어요.

AI에게 주문할 때 프롬프트로만 설명할 필요는 없습니다. 때로는 AI에게 참고 이미지를 보여주면서 다음과 같이 지시하면 훨씬 더 정확한 스타일을 따라 할 수 있습니다.

- **스타일 참고하기** : 이 이미지처럼 유화 느낌이 나도록 강아지 사진을 편집해줘.
- **색감 및 구도 참고하기** : 이 사진처럼 따뜻한 노을 색감과 인물의 클로즈업 구도로 이미지를 바꿔줘.

AI는 매번 이미지를 만들 때마다 조금씩 다른 결과물을 내놓아요. 마치 랜덤 박스를 열어보는 것과 같습니다. 원하는 결과가 나오지 않았다면 한 번 더 시도하세요. 프롬프트의 단어와 문장을 조금만 바꿔도 전혀 다른 결과를 제공하기 때문에 여러 번 시도하다 보면 생각지도 못한 멋진 이미지를 건질 수 있습니다. 이미지가 마음에 들지 않을 때, 이 세 가지를 확인해보세요!

- ☐ **프롬프트 다시 보기** : 내가 원하는 것을 **충분히 자세하게** 설명했는가?
- ☐ **부정 프롬프트 추가하기** : AI가 이상하게 만든 부분을 피하라고 미리 알려줬는가?
- ☐ **다시 시도하기** : 프롬프트는 그대로 두고 **다시 만들어 보라고** 요청했는가?

어디에서 만들 수 있나요?

질문 05

나노바나나의 혁신적인 AI 이미지 기술을 가장 쉽고, 가장 다양하게 활용해보세요. 구글 자체 플랫폼은 물론, 인기 있는 외부 디자인 툴에서도 핵심 엔진으로 작동합니다.

나노바나나 프로는 구글의 'Gemini 3 Pro Image' 모델의 별명입니다. 구글에서 만들었으니, 구글의 서비스를 통해 사용할 수 있습니다.

접속 사이트 / 앱	접근 방법	대상 및 사용 목적
Google Gemini 웹사이트	gemini.google.com	일반 사용자(강력 추천!). 가장 쉽고 간단한 방법입니다. 구글 계정으로 로그인 후 채팅창에서 이미지 생성, 편집을 요청합니다.
Gemini 앱 (모바일)	스마트폰의 Gemini 앱	일반 사용자. 휴대폰에서 사진을 바로 올리거나 수정하기에 편리합니다. 이동 중에도 바로 사용할 수 있습니다.
Google AI Studio	aistudio.google.com	개발자 및 고급 사용자. 나노바나나의 API를 이용해 코드를 테스트할 수 있습니다. 나노바나나 메뉴를 클릭하여 이미지를 생성하거나 편집합니다.

가장 간단하게 사용할 수 있는 방법은 구글 제미나이에서 채팅을 통해 접근하는 것입니다. 제미나이에 접속해서 채팅창에 "이 강아지 사진을 증명사진으로 바꿔줘" 또는 "초코시럽으로 만들어진 글자를 써줘"라고 바로 요청해보세요!

나노바나나의 가장 큰 장점 중 하나는 구글 앱 밖에서도 다른 유명한 디자인 프로그램들과 협력하여 그 기술을 쓸 수 있다는 것입니다. 이것은 마치 최고급 커피 머신의 핵심 추출 기술을 다른 유명 카페 체인점에 제공하여 그 카페에서도 동일한 품질의 에스프레소를 뽑아낼 수 있게 하는 것과 같습니다. 이 방법을 사용하면 **제미나이의 워터마크 없이도 나노바나나를 사용할 수 있습니다.**

서비스 이름	메뉴/기능 위치	활용 특징
프리픽 freepik.com	AI Image Generator 메뉴	Freepik의 웹사이트의 AI 이미지 생성기 메뉴에서 '나노바나나' 및 '씨드림' 모델 등 여러 AI 중 하나를 선택하여 이미지를 제작합니다. 영상 생성 AI와 많은 디자인 리소스도 함께 제공합니다.
힉스필드 higgsfield.ai	Image 메뉴 하위의 Models 목록	'나노바나나' 및 '씨드림' 모델 등 여러 AI 중 하나를 선택하여 이미지 생성 또는 편집에 사용합니다. 영상 생성 AI와 많은 디자인 리소스도 함께 제공합니다.
어도비 파이어플라이 firefly.adobe.com	텍스트를 이미지로 변환하는 기능	Firefly 웹사이트나 Adobe Express에서 이미지 생성 메뉴를 사용할 때, '나노바나나' 및 '씨드림' 모델 등 여러 AI 중 하나를 선택하여 고품질의 이미지를 요청하고 생성합니다.
어도비 포토샵 adobe.com에서 구독 및 다운로드	생성형 채우기 (Generative Fill) 기능	포토샵 내에서 텍스트 프롬프트를 입력해 이미지를 편집하거나 새로운 요소를 채워 넣을 때, '나노바나나' 및 'Flux Kontext' 모델 등 여러 AI 중 하나를 선택하여 등의 AI를 선택할 수 있습니다. 이미지에서 수정을 원하는 영역을 지정하여 세밀하게 편집이 가능합니다.

제미나이에서 이미지 생성하기

구글 제미나이 환경에서 나노바나나를 실행해봅시다. 채팅창을 통해 프롬프트를 입력하고 원하는 이미지를 직접 만들어보세요.

01 나노바나나를 실행할 수 있는 구글 제미나이를 알아봅시다.

- **구글 제미나이** : gemini.google.com

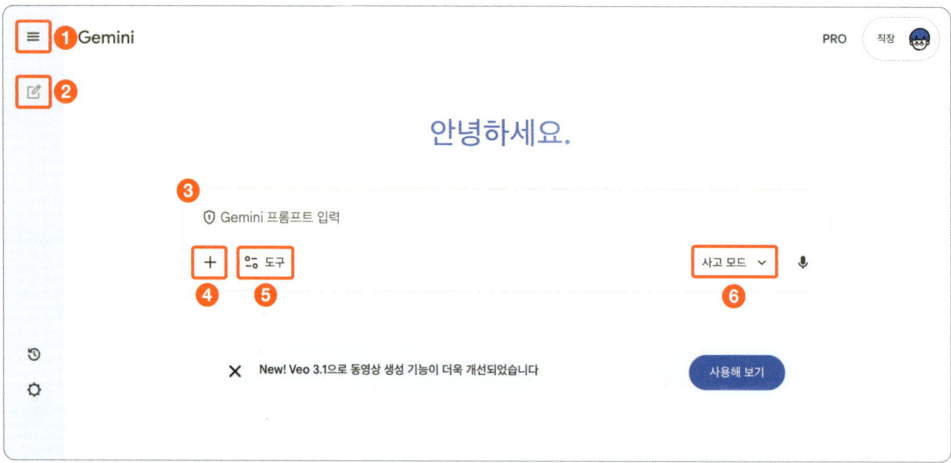

❶ **채팅 목록** : 이전에 실행했던 채팅 목록을 확인합니다.

❷ **새 채팅** : 새로운 채팅이나 이미지 생성을 시작할 때 클릭합니다.

❸ **채팅창(프롬프트 창)** : 궁금한 사항이나 이미지 생성 등의 명령어를 입력합니다.

❹ **파일 첨부** : PDF, PPTX, 이미지 파일 등 다양한 파일을 업로드하여 참조시키거나 분석을 명령합니다.

❺ **도구** : 보다 자세히 자료를 조사하는 딥 리서치/이미지를 생성하는 Imagen 등을 실행할 수 있습니다.

❻ **모델 선택** : [빠른 모드]는 속도 및 효율성을 중시할 때, [사고 모드]는 정확성 및 깊이 있는 논리가 중시할 때 사용합니다.

02 채팅창의 [도구 → 이미지 생성하기]를 선택합니다.

03 채팅창에 만들고 싶은 이미지를 입력합니다. 한국어, 영문 모두 가능합니다.

04 생성한 이미지 위에 마우스를 올리면 다운로드 버튼이 나타납니다. 버튼을 클릭하면 이미지를 내려받을 수 있습니다.

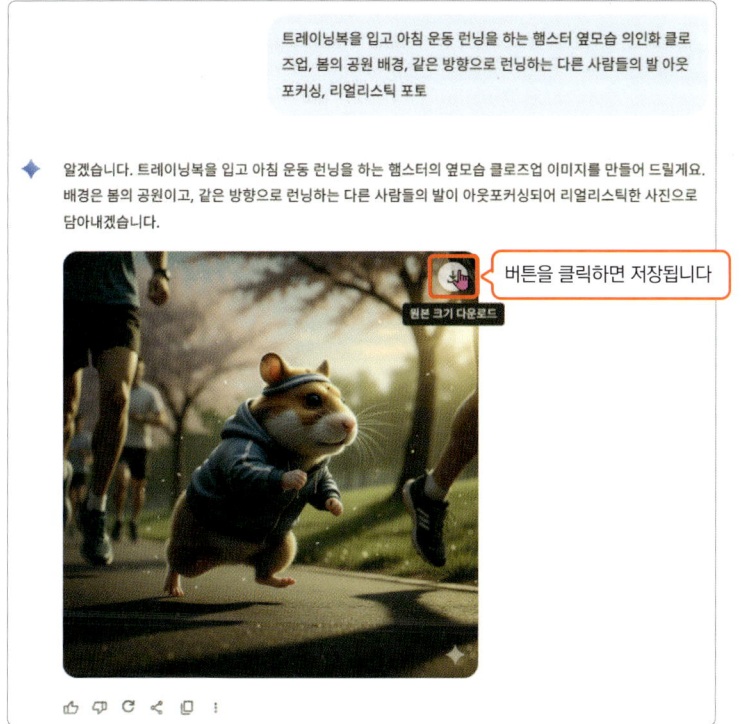

프리픽에서 이미지 생성하기

프리픽은 나노바나나/씨드림, GPT 등의 이미지 생성 툴과 Sora, VEO, 클링, 런웨이 등의 영상 생성 툴을 자유롭게 골라 사용할 수 있어 편리합니다. 제미나이, 구글 AI 스튜디오는 한 번에 시안을 1장씩만 볼 수 있는 반면 프리픽은 한 번에 시안을 4장까지 받아볼 수 있습니다.

01 프리픽에 접속하고 우측 상단의 [Sign in]을 클릭합니다.

- **프리픽** : freepik.com

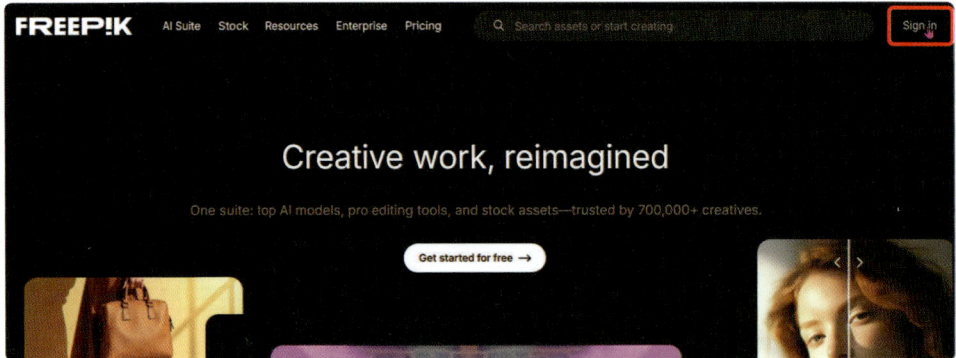

02 [Sign up]을 클릭하고 구글이나 애플, 기타 이메일로 회원가입을 합니다.

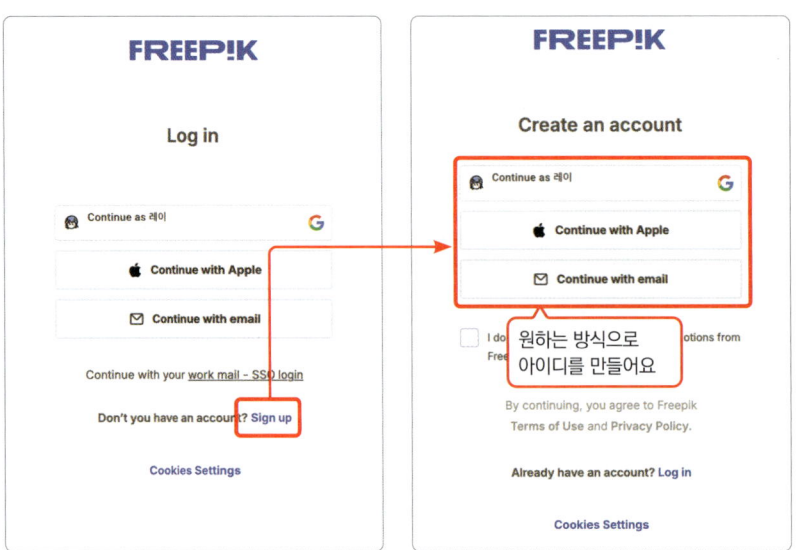

원하는 방식으로 아이디를 만들어요

03 로그인하면 보이는 화면에서 오른쪽 위의 [Pricing]을 클릭합니다. 자신에게 맞는 요금제를 선택합니다. 처음 시작할 때는 언제든 중간 해지가 가능한 [Monthly] 요금제 중에서 선택하는 것을 권장합니다.

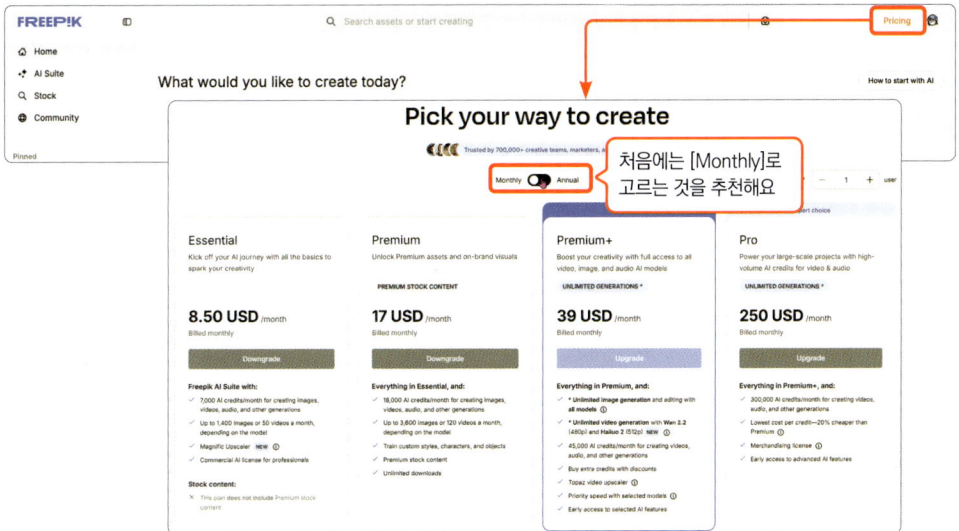

결제할 때는 [Monthly]와 [Annual] 중 어디에 체크되어 있는지 확인하고 결제하세요. 결제 방법은 간단하므로 여기에서는 생략하겠습니다.

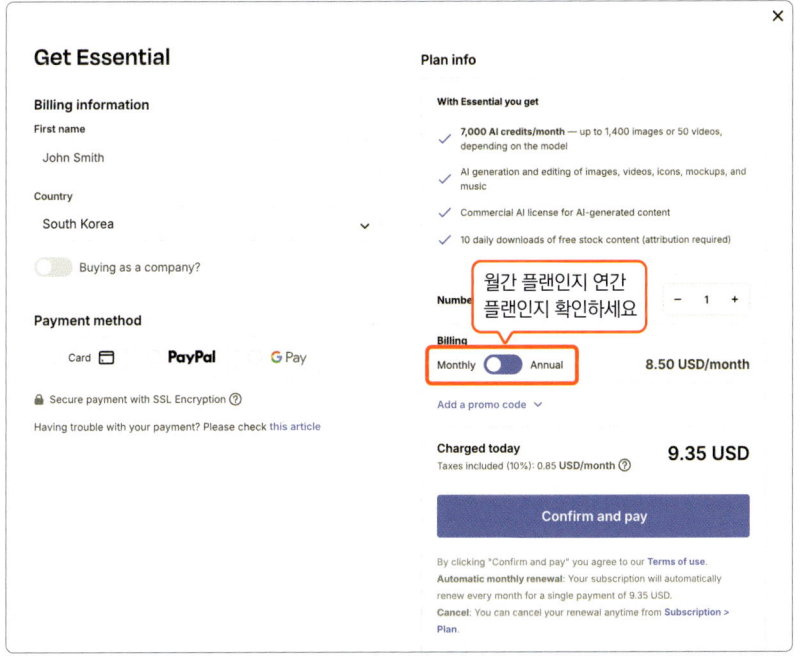

04 다시 메인 화면으로 돌아와 왼쪽의 [Image Generator] 메뉴를 클릭합니다.

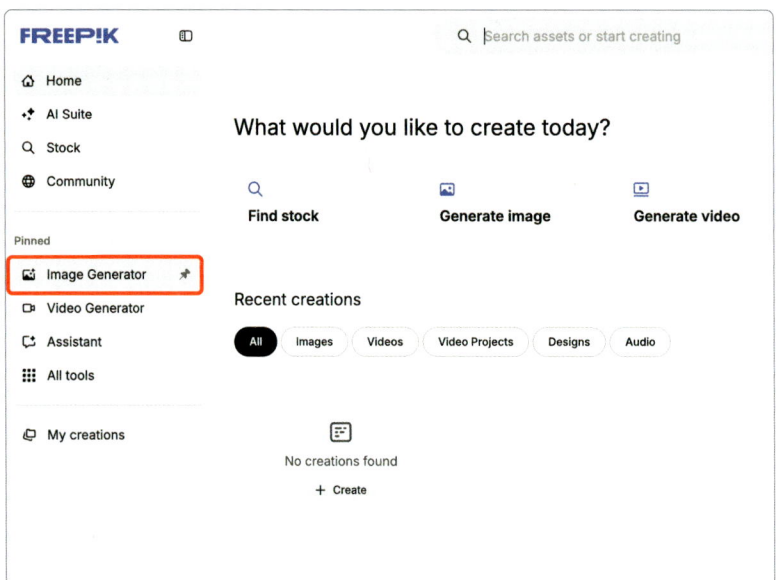

05 [Model → Google → Google 나노바나나]를 순서대로 선택합니다. 비슷한 기능을 제공하는 씨드림도 여기에서 선택이 가능합니다.

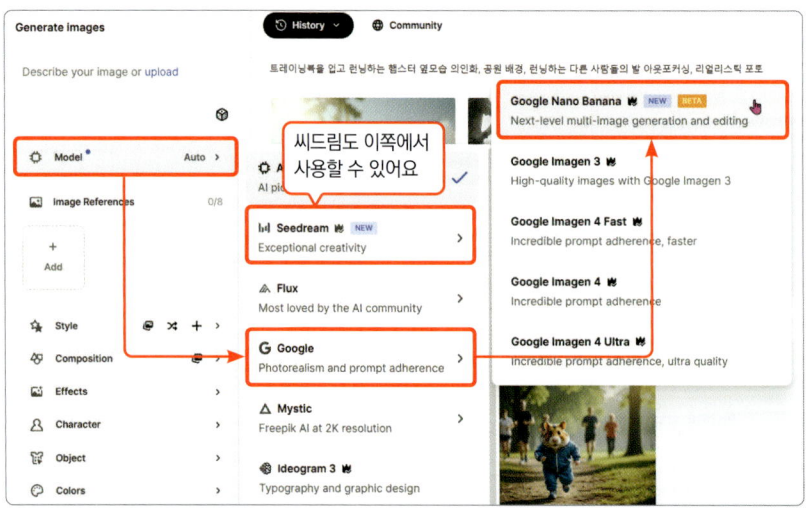

> **NOTE** 이 책에서는 나노바나나/씨드림 등의 다양한 이미지 생성 도구를 활용하는 방법을 안내합니다. 나노바나나 모델은 제미나이와 프리픽, 포토샵에서 사용하는 방법을 소개하고 있습니다. 반면 씨드림 모델은 상업적 활용과 사용 편의성을 고려하여 프리픽에서 사용하는 방법을 소개하고 있습니다. 이 점을 참고하여 실습을 진행하길 바랍니다.

06 ❶ 프롬프트를 입력하고 하단의 ❷ 시안 개수와 ❸ 종횡비를 설정합니다. ❹ [Generate] 버튼을 클릭하여 이미지를 생성합니다.

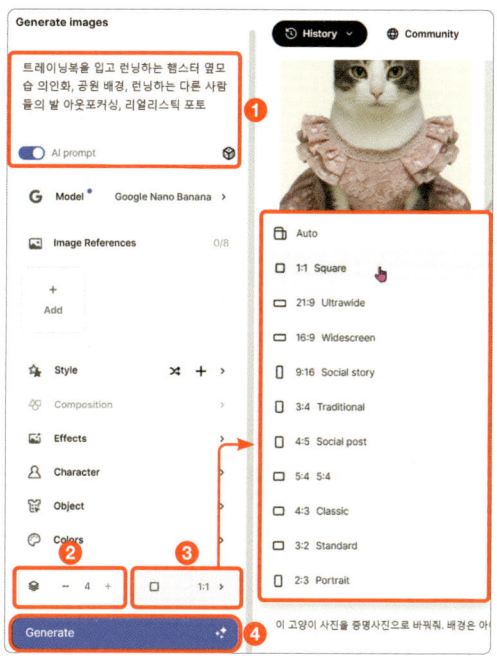

07 생성된 이미지 중 하나를 클릭하면 크게 볼 수 있습니다. 오른쪽 상단의 다운로드 버튼을 클릭하면 워터마크가 없는 이미지를 저장할 수 있습니다.

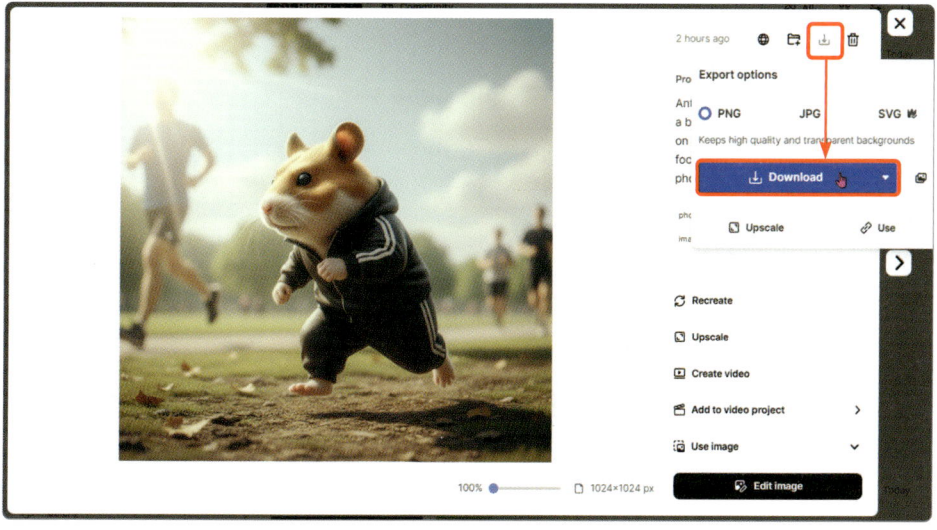

> **NOTE** 제미나이에서 이미지를 생성하면 워터마크가 표시되는 반면에, 프리픽에서는 워터마크가 표시되지 않아 더 깔끔한 결과물을 얻을 수 있습니다.

프리픽에서 이미지 편집하기

프롬프트를 입력해 이미지를 생성하는 법을 배웠으니, 이제 이미지를 첨부하여 해당 이미지를 원하는 대로 편집하는 방법을 알아보겠습니다.

01 [Image References → Add → Upload file]을 클릭하여 편집할 이미지를 첨부합니다.

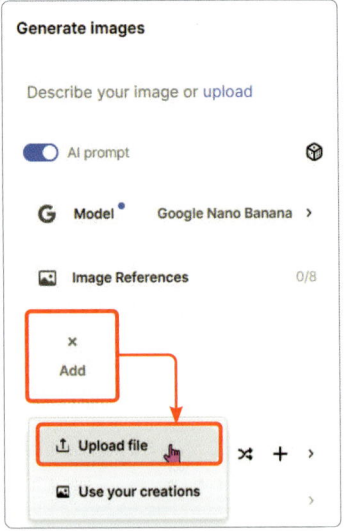

02 프롬프트를 입력하고 시안 개수와 종횡비 설정을 마친 후 [Generate] 버튼을 클릭합니다.

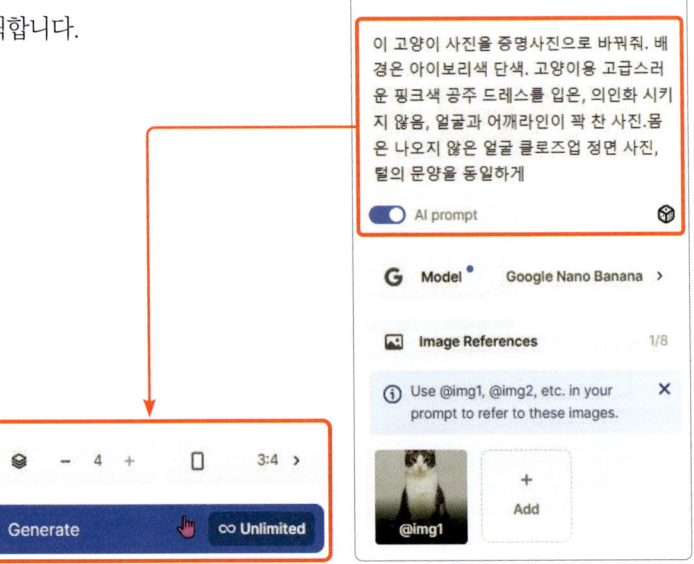

> **NOTE** 이미지를 첨부할 때 이미지가 여러 장이라면 @img1, @img2처럼 이미지를 태그하여 프롬프트를 작성할 수 있습니다. 이렇게 AI가 이미지를 헷갈리지 않고 정확히 참고할 수 있게 됩니다.

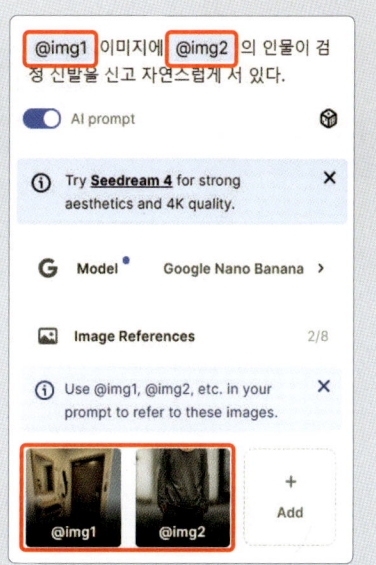

03 마음에 드는 이미지를 골라 다운로드합니다.

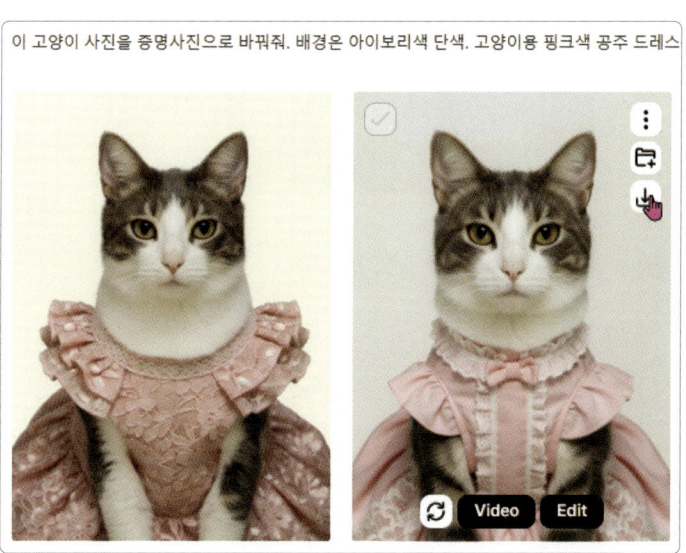

> 🤖 **쌩초보 꿀팁** **모바일로 편하게 이미지를 생성하고 편집하세요!**
>
> 웹사이트뿐만 아니라 모바일 앱으로도 프리픽의 이미지 생성 및 편집 기능을 동일하게 사용할 수 있습니다. 외부에서 급하게 아이디어를 시각화하거나 스마트폰에 있는 사진을 바로 편집하고 싶을 때 유용합니다. iOS, 안드로이드 모두에서 앱을 사용할 수 있으니 다운로드해보세요.

포토샵에서 이미지 편집하기

포토샵 내 AI 기능을 활용해 이미지를 손쉽게 편집해보겠습니다. 수정을 원하는 이미지의 위치를 텍스트로 입력해야 하는 다른 이미지 툴에 비해 이미지 위에 원하는 위치를 바로 체크할 수 있다는 점이 좋습니다.

01 편집할 이미지를 열고 [선택 영역 브러시 도구]를 선택합니다.

편집하고 싶은 이미지를 열어요

02 수정하려는 영역을 지정하고 [생성형 채우기]를 클릭합니다.

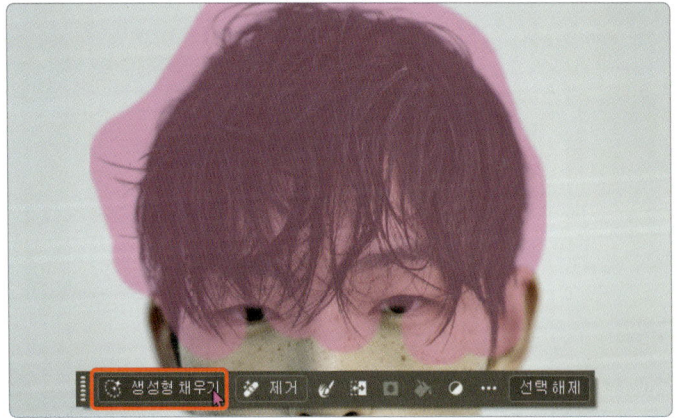

03 ❶ 모델 설정 버튼을 클릭하고 [Gemini 2.5(나노바나나)]를 선택합니다. ❷ 프롬프트 입력창에 "헤어 컬러를 밝은 금발로 변경"을 입력합니다. ❸ [생성] 버튼을 클릭합니다.

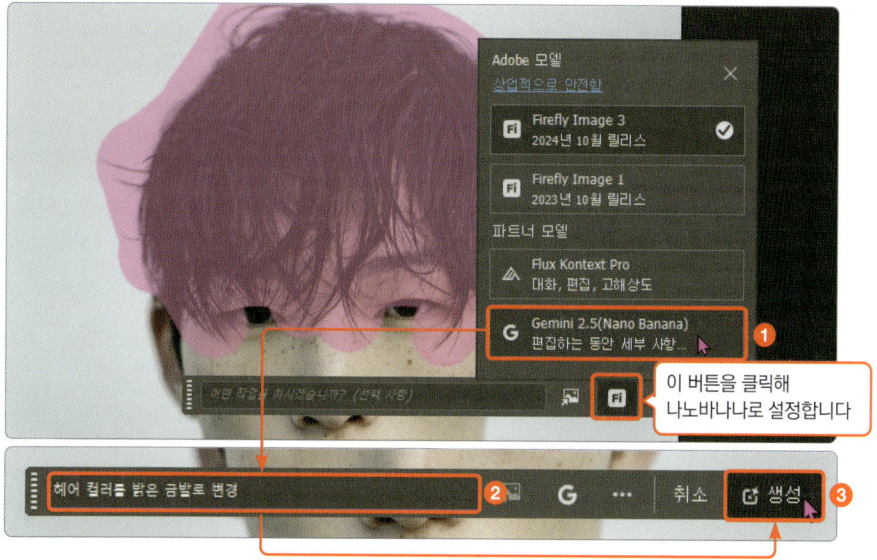

04 이미지의 원하는 부분만 수정되었습니다.

과거에는 이런 편집을 하려면 두 가지 방법밖에 없었습니다. 하나는 포토샵 같은 전문 툴을 사용하는 것입니다. 이는 수많은 기능을 배워야 하고 세밀하게 손으로 작업해야 해서 전문가가 아니면 쉽게 다루기 힘들었습니다. 또 다른 방법은 아예 재촬영을 하는 것이었죠. 헤어스타일, 조명, 표정 같은 요소를 바꾸려면 촬영 현장을 다시 세팅하고 모델을 불러야만 했습니다.

하지만 이제는 AI가 그 과정을 대신합니다. 몇 번의 클릭과 간단한 지시만으로도 머리 색을 바꾸고, 배경을 교체하고, 표정까지 자연스럽게 바꿀 수 있습니다. 예전에는 포토샵 전문가나 재촬영 팀이 필요했던 작업이, 이제는 AI 덕분에 시간은 최대 90% 이상 절약되고 비용은 수십에서 수백만 원을 아낄 수 있으며 누구나 쉽게 원하는 이미지를 만들 수 있는 시대가 열린 것입니다.

미드저니에서 이미지 생성하고 편집하기

미드저니는 독보적인 미학을 자랑하는 이미지/비디오 생성 AI 툴입니다. AI를 적극적으로 활용하는 실무자들은 미드저니에서 이미지를 생성한 다음, 나노바나나에서 이미지를 편집하는 과정을 거치고 있습니다.

미드저니 시작하기

01 미드저니에 로그인하면 미드저니로 생성된 작업물이 보입니다. 좌측 하단 자신의 계정 옆에 있는 더보기 버튼을 클릭하고 [Manage Subscription]을 클릭합니다.

- **미드저니** : midjourney.com

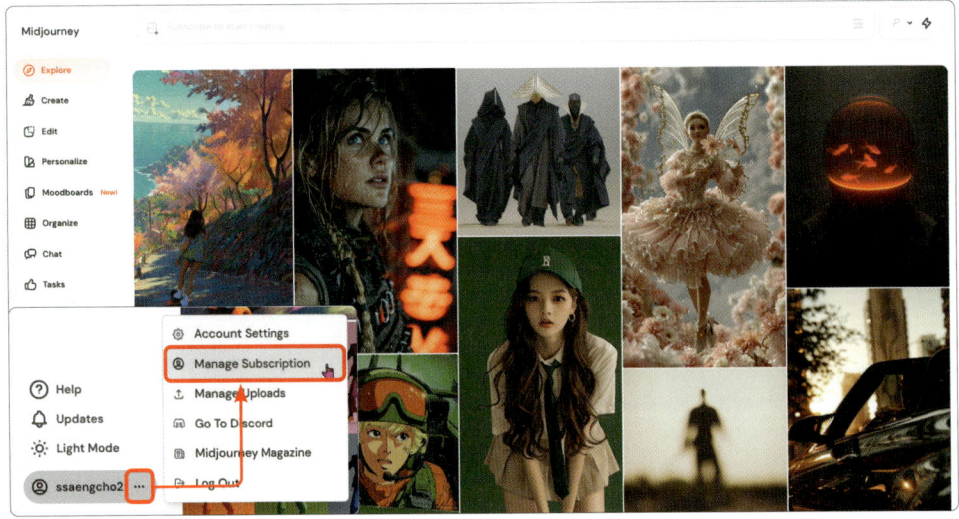

> **NOTE** 미드저니 아이디가 없다면 메인 화면에서 [Sign Up] 버튼을 클릭해 회원가입하세요.

02 [Monthly Billing]에서 자신에게 적합한 요금제를 선택하여 구독합니다. Standard Plan부터는 Relaxed Mode(약간 느린 속도로 이미지를 생성하는 설정) 사용 시 이미지를 무한히 생성할 수 있습니다.

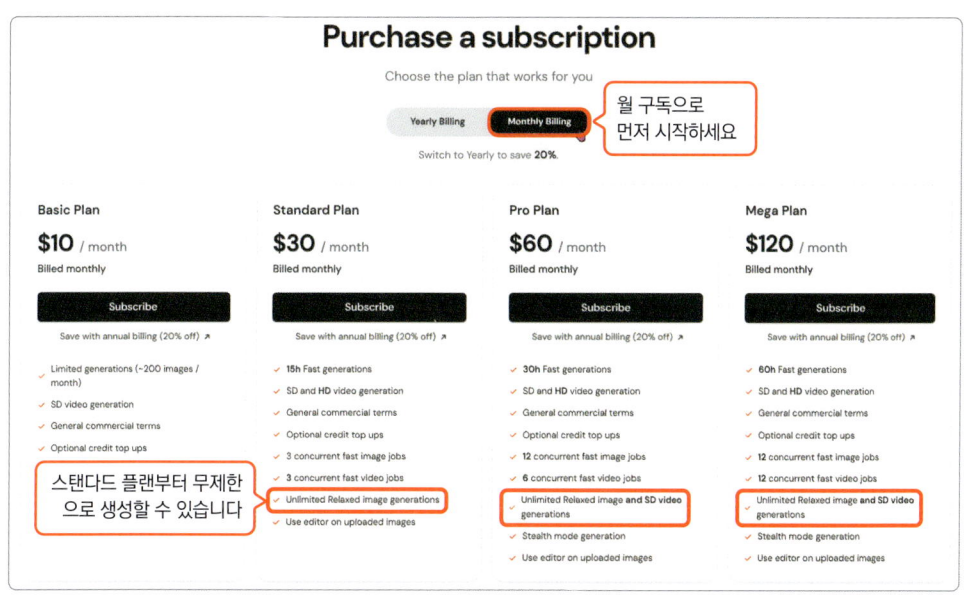

> **NOTE** 유료 AI 툴을 구독할 때는 자신에게 맞는 툴인지를 파악해야 하기 때문에 연 구독보다는 월 구독을 권장합니다. 연 구독을 하면 중간 해지 및 요금제 변경이 불가하므로 가장 저렴한 요금제로 시작하고, 월 사용량을 고려하여 요금제를 바꾸는 것이 좋습니다.

03 미드저니 주요 메뉴를 살펴보겠습니다.

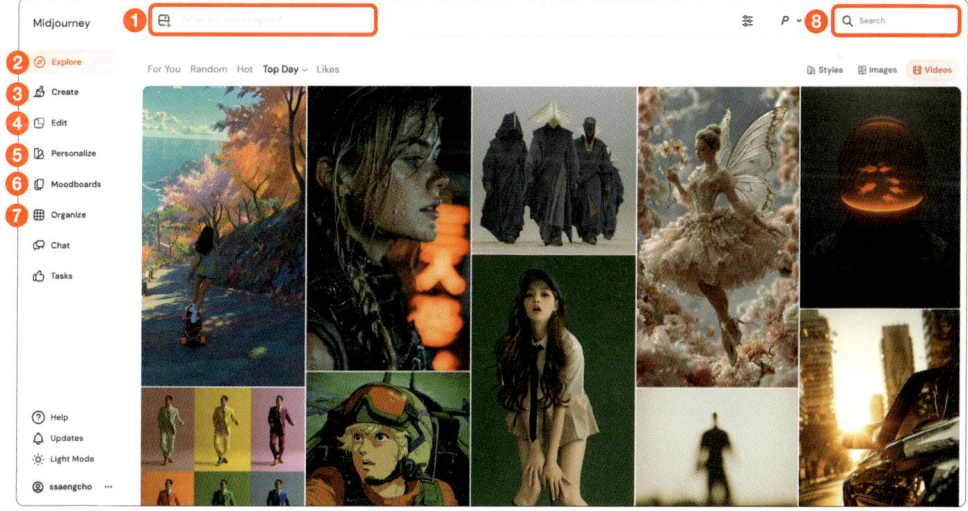

❶ **이미지 생성** : 생성할 이미지를 입력 후 `Enter`를 눌러 이미지를 생성합니다.

❷ **Explore** : 다른 작품을 랜덤, 인기, Likes 표시 등을 기준으로 보고, 이미지를 클릭하면 프롬프트와 설정값을 확인할 수 있습니다.

❸ **Create** : 내가 생성한 이미지와 프롬프트를 볼 수 있습니다.

❹ **Edit** : 생성 이미지나 외부 이미지를 편집합니다.

❺ **Personalize** : 이미지 학습을 명령해 특정 스타일 코드를 생성합니다.

❻ **Moodboards** : 직접 이미지의 무드를 커스텀합니다.

❼ **Organize** : 내가 생성한 이미지를 한눈에 볼 수 있습니다.

❽ **검색** : 주제나 키워드를 입력해 다른 작품을 검색합니다.

04 상단 프롬프트 입력창에 만들고 싶은 이미지를 묘사하면 이미지가 생성됩니다. 생성된 이미지를 클릭하면 크게 볼 수 있고 다운로드 버튼을 클릭하면 이미지가 저장됩니다.

> **NOTE** DeepL, 구글 번역, 파파고 번역 등을 사용하여 영문 프롬프트를 작성하면 원하는 이미지가 더 효과적으로 생성되며 이미지의 감도가 높아집니다.

 **쌩초보 꿀팁** 한국어 프롬프트는 이럴 때 사용하세요!

한국인이나 한국스러운 이미지를 만들 때에는 한글로 작성하는 것이 더 효과적일 수 있습니다. 한글 프롬프트에서는 '한국인'이라는 단어를 넣지 않았는데도 한국인이 생성되었습니다.

▲ 영어 프롬프트

▲ 한글 프롬프트

05 이미지를 생성하기 전, 사전 설정을 통해 이미지의 특성을 미리 정할 수 있습니다.

❶ **Image Size** : 가로, 세로, 종횡비를 설정할 수 있습니다.

❷ **Mode** : [Standard]를 선택하면 예술적인 이미지를 생성합니다. [Raw]를 선택하면 단순하고 직관적인 이미지를 생성합니다.

❸ **Version** : 최신 또는 이전 버전을 선택하거나 애니메이션 전용 Niji 모델을 선택합니다. [Standard]를 선택하면 고퀄리티 이미지를 생성합니다. [Draft]는 빠르게 생성하는 초안용 이미지에 적합합니다.

❹ **Stylization** : 예술성, 미학 정도를 조절할 수 있습니다.

❺ **Weirdness** : 색다른 특이성을 조절할 수 있습니다.

❻ **Variety** : 생성되는 이미지 간 다양성을 조절할 수 있습니다. 프롬프트에서 '--chaos [숫자]' 파라미터를 입력해서도 조절할 수 있습니다.

❼ **Speed** : 이미지 생성 속도가 빨라질수록 이미지 생성 개수가 많이 차감됩니다. 단, 스탠다드 요금제 이상은 Relaxed mode로 무제한 생성할 수 있습니다.

❽ **Stealth** : 생성한 이미지와 프롬프트의 공개 여부를 설정할 수 있습니다. 단, Pro 요금제부터 사용 가능합니다.

> 🧒🤖 **쌩초보 꿀팁** 사전 설정에 따른 이미지 결과를 비교하세요!
>
>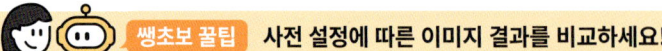
> A woman in her 30s and a 7-year-old girl having a picnic while sitting in a flower garden
>
>
> **Mode**: Raw | **Stylize**: 50   **Mode**: Raw | **Stylize**: 300
>
>
> **Mode**: Standard | **Stylize**: 50   **Mode**: Standard | **Stylize**: 300

❾ **Video Resolution** : 비디오 생성 화질을 설정합니다. 크레딧 차감 개수는 상이합니다.

❿ **Video Batch Size** : 명령 하나당 비디오 생성 개수입니다. 크레딧 차감 개수는 상이합니다.

⓫ **Personalize** : 개인화를 설정할 수 있습니다.

06 편집하고 싶은 이미지를 클릭하면 다양한 추가 메뉴가 나타납니다. 추가 메뉴를 통해서 생성된 이미지를 다양하게 변형하고 편집할 수 있습니다. 편집을 실행한 뒤 결과물은 좌측 [Create]에서 확인 가능합니다.

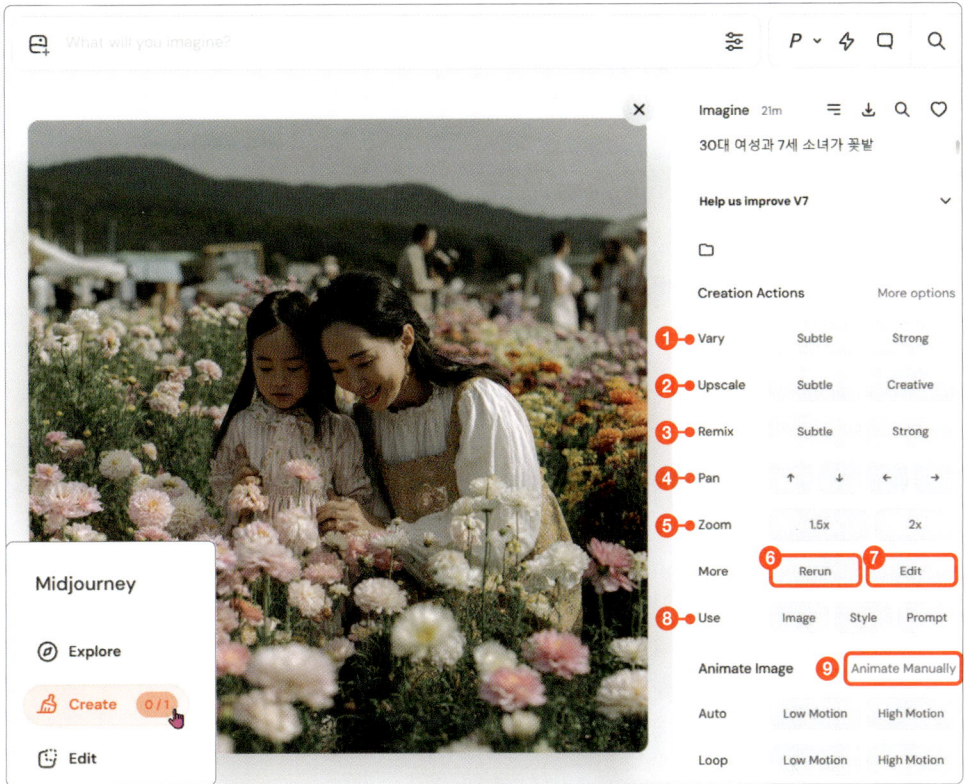

❶ **Vary(Variation 응용)**

- **Subtle** : 변형을 적게 하여 비슷한 이미지를 생성합니다.

- **Strong** : 변형을 강하게 하여 비슷한 이미지를 생성합니다.

❷ **Upscale(고해상 변환)**

- **Subtle** : 이미지를 최대한 유지하여 업스케일합니다.

- **Creative** : 이미지를 변형하여 업스케일합니다.

❸ **Remix(프롬프트 편집, Variation 응용)**

- **Subtle** : 변형을 적게 하여 비슷한 이미지를 생성하고 프롬프트를 편집합니다.

- **Strong** : 변형을 강하게 하여 비슷한 이미지를 생성하고 프롬프트를 편집합니다.

❹ **Pan** : 특정 방향으로 배경을 확장합니다.

❺ **Zoom** : 사방으로 배경을 확장합니다. 즉, Zoom-out합니다.

❻ **Rerun** : 동일한 프롬프트와 설정으로 재생성합니다.

❼ **Edit** : 이미지를 편집할 수 있습니다. 해당 메뉴를 통해 이미지의 종횡비를 수정하거나 특정 영역만 지워 새로 생성할 수도 있습니다.

❽ **Use** : 이미지/스타일/프롬프트를 사용합니다.

❾ **Animate Image(영상으로 변환) / Animate Manually** : 프롬프트를 입력하여 영상을 생성합니다.

쌩초보 꿀팁 사전 설정에 따른 이미지 결과를 비교하세요!

▲ Vary → Subtle

▲ Vary → Strong

▲ Zoom 2x

▲ Remix → Strong

'다양한 색상의 장미 꽃밭' 추가

파라미터(매개 변수)로 미세 조정하기

이미지를 생성할 프롬프트를 입력한 뒤, 한 칸 띄우고 [--파라미터]를 입력하면 생성될 이미지를 더 세밀하게 조정할 수 있습니다.

파라미터	기능	프롬프트 예시
--no	불필요한 요소를 제외합니다.	amuse park --no people
--tile	이미지 여러 장을 붙여도 경계선 없이 자연스러운 Seamless 패턴을 생성합니다.	halloween pumpkin --tile
--s 1~1000	예술성/미학에 해당하는 **Stylize** 수치를 입력하여 사전설정합니다.	flowers --s 770
--exp 1~100	디테일이 증가되고 색감이 강조됩니다. 인물 사진 생성 시 더 깔끔한 이미지가 생성됩니다.	korean woman --exp 20
--iw 1~3	이미지를 첨부한 후 **이미지** 참조 가중치(참조 강도)를 수치를 입력하여 사전 설정합니다. 기본값: --iw 1	singer and dancer --iw 0.7
--sw 1~1000	스타일 레퍼런스 이미지를 첨부한 후 **스타일** 참조 가중치(참조 강도)를 수치를 입력하여 사전 설정합니다. 기본값: --sw 100	singer and dancer --sw 350
--ow 1~1000	옴니 레퍼런스 이미지를 첨부한 후 **캐릭터** 참조 가중치(참조 강도)를 수치를 입력하여 사전설정합니다. 기본값: --ow 100	female singer --ow 150

이미지/스타일/캐릭터 참조하기

> 미드저니
>
> This is an art exhibition poster with the theme of Halloween party, The title letter of the movie is "Halloween.", people talking while drinking, every person has a white daisy hairpin attached to their hair, Bats, Halloween pumpkins, full moon, skeletons, witches, spiders. --ar 3:4 --stylize 350
>
> 할로윈 파티를 주제로 한 미술 전시회 포스터. 영화 제목 글자는 "할로윈". 사람들이 술을 마시며 이야기하고 있으며, 각자의 머리에는 흰 데이지 머리핀이 꽂혀 있다. 박쥐, 할로윈 호박, 보름달, 해골, 마녀, 거미 --ar 3:4 --stylize 350

01 Image Prompts(이미지 참조)는 이미지의 구도, 상황, 스타일 등을 조금씩 고루 참조합니다. 참조하려는 이미지를 프롬프트 칸 부근으로 드래그하면 프롬프트 칸 아래에 이미지를 첨부하는 칸이 나타납니다. [Image Prompts] 칸에 첨부한 후 프롬프트를 입력합니다.

이미지 참조의 가중치(참조 강도)는 프롬프트 뒤에 한 칸을 띄고 [--iw 0.1~3]를 입력하여 Image Weight를 조정할 수 있습니다. 기본 수치는 --iw 1이며, 더 적게 참조할 때는 1보다 작게, 더 많이 참조할 때는 1보다 크게 적습니다.

> **미드저니**
>
> This is an art exhibition poster with the theme of Halloween party, The title letter of the movie is "Halloween.", people talking while drinking, every person has a white daisy hairpin attached to their hair, Bats, Halloween pumpkins, full moon, skeletons, witches, spiders. --ar 3:4 --stylize 350 **--iw 2.5)**

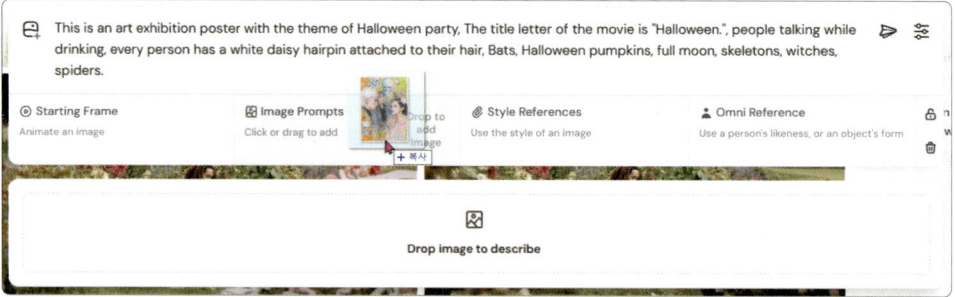

▲ 원본 이미지

▲ 이미지를 참조하여 재생성
[--iw 1]

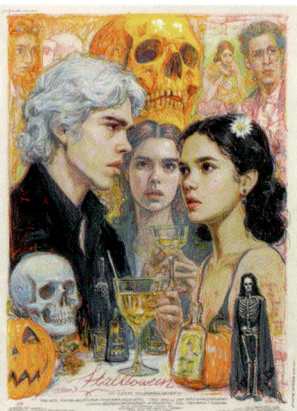
▲ 이미지를 참조하여 재생성
[--iw 2.5]

02 Style References(스타일 참조)는 이미지의 색상, 화풍, 스타일을 중점으로 참조합니다. 스타일을 참조하려는 이미지를 프롬프트 칸 부근으로 드래그하면 프롬프트 칸 아래에 이미지를 첨부하는 칸이 나타납니다. [Style References] 칸에 첨부하고 프롬프트를 입력합니다.

스타일 참조의 가중치(참조 강도)는 프롬프트 뒤에 한 칸을 띄고 [--sw 1~1000]을 입력하여 Style Weight를 조정할 수 있습니다. 기본 수치는 --sw 100이며, 더 적게 참조할 때는 100보다 작게, 더 많이 참조할 때는 100보다 크게 적습니다.

> 미드저니
>
> This is an art exhibition poster with the theme of Halloween party, The title letter of the movie is "Halloween.", people talking while drinking, every person has a white daisy hairpin attached to their hair, Bats, Halloween pumpkins, full moon, skeletons, witches, spiders. --ar 3:4 --stylize 350 **--sw 700**

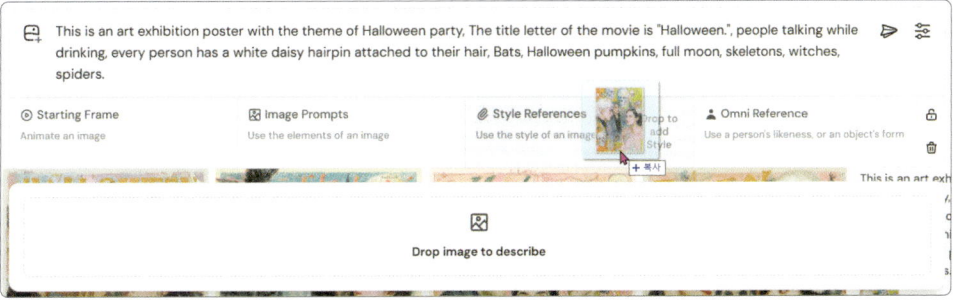

▲ 원본 이미지

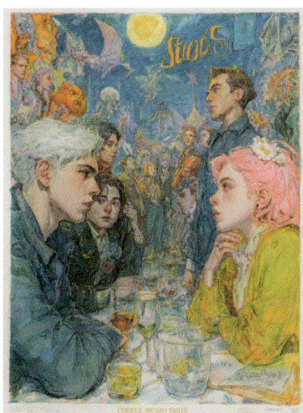
▲ 이미지를 참조하여 재생성
[--sw 80]

▲ 이미지를 참조하여 재생성
[--sw 700]

스타일 레퍼런스 코드를 활용해서 원하는 스타일 적용하기

01 스타일에 해당하는 프롬프트는 제외하여 프롬프트를 입력합니다. [Explore] 메뉴에서 [Styles]를 클릭하면 다양한 스타일의 이미지를 확인할 수 있습니다. 마우스를 특정 이미지 위에 올리고 '--sref'로 시작하는 코드를 클릭하면 프롬프트에 추가됩니다.

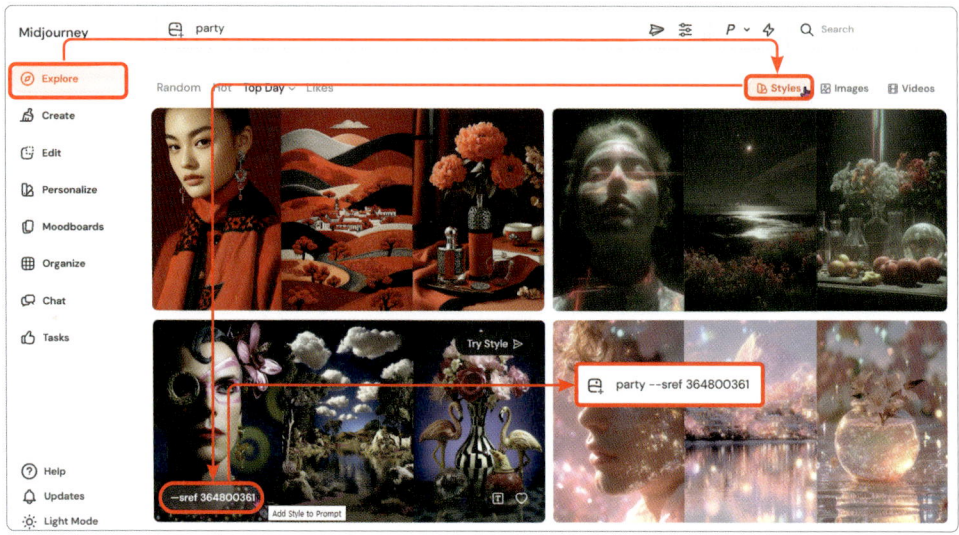

02 스타일 코드를 이용한 이미지 생성 시에도 [--sw 1~1000] 가중치 적용이 가능합니다. 이미지 생성 시 프롬프트 뒤에 한 칸을 띄우고 [--sref random]을 입력해보세요. 무작위 스타일 코드를 발견할 수 있습니다. 생성된 이미지의 스타일 코드를 클릭하면 다른 이미지를 생성할 때에도 해당 스타일 코드를 적용할 수 있습니다.

나만의 무드보드 스타일 적용하기

01 [Moodboards]-[New Moodboard]를 클릭하고 원하는 스타일의 이미지 여러 장을 드래그해서 업로드합니다. 무드보드 이름은 [Moodboard #숫자] 형식으로 기본 설정되어 있는데, 이름을 알아보기 쉽게 변경하면 편리합니다.

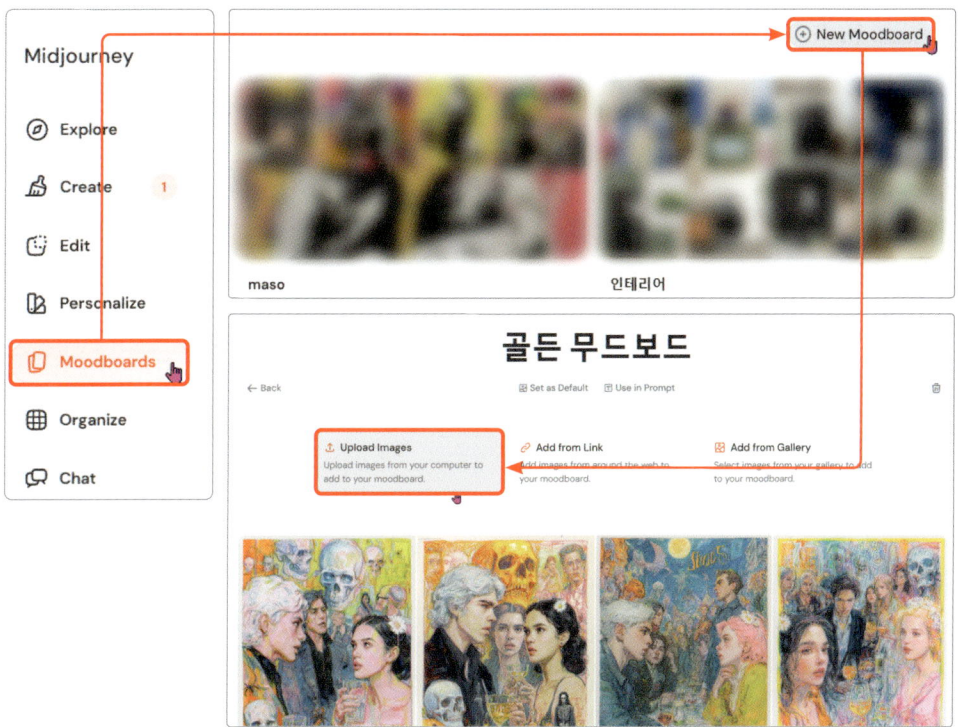

02 [Back] 버튼을 클릭하여 뒤로 가기를 한 후, 무드보드의 [Select] 버튼을 클릭하면 프롬프트 칸에 해당 무드보드의 코드가 자동 입력됩니다. 스타일에 해당하는 프롬프트를 제외하여 프롬프트를 입력하면 해당 스타일이 적용된 이미지가 생성됩니다.

◀ 무드보드 개인화 코드를 직접 만들어 적용한 이미지

03 같은 프롬프트라도 스타일을 다르게 하여 다양한 이미지를 만들어보세요.

캐릭터 참조하기

01 캐릭터를 참조하려는 이미지를 프롬프트 입력창 부근으로 드래그하면 아래에 이미지를 첨부하는 칸이 나타납니다. [Omni References] 칸에 첨부한 후 프롬프트를 입력합니다. 캐릭터를 참조하기 위한 원본 이미지는 얼굴의 이목구비가 잘 보이는 정면의 모습이어야 캐릭터 특징을 잘 살리고 정확도도 높일 수 있습니다.

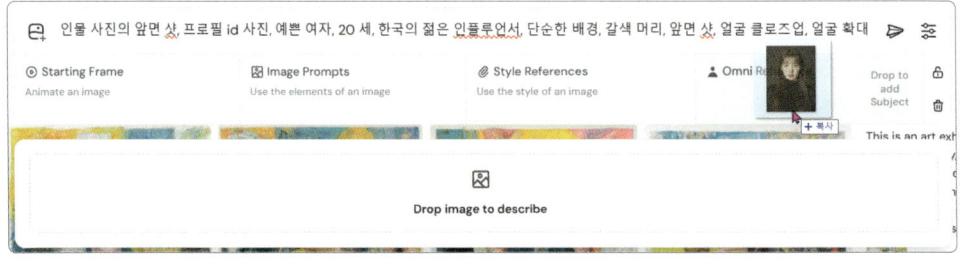

02 옴니 레퍼런스의 가중치는 이미지 첨부 후 Omni Strength 조정 바에서 조정하거나 프롬프트 뒤에 한 칸을 띄고 [--ow 1~1000]을 입력하여 Omni Weight를 조정할 수 있습니다. 기본 수치는 --ow 100이며, 더 적게 참조할 때는 100보다 작게, 더 많이 참조할 때는 100보다 크게 적습니다.

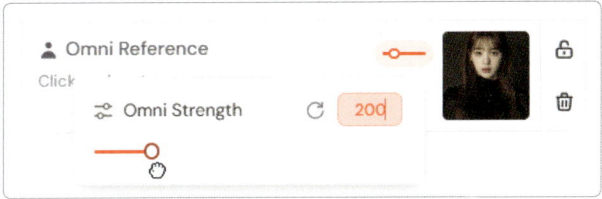

💬 인물 사진의 앞면 샷, 프로필 id 사진, 예쁜 여자, 20 세, 한국의 젊은 인플루언서, 단순한 배경, 갈색 머리, 앞면 샷, 얼굴 클로즈업, 얼굴 확대 --no 주근깨, 잡티, 기미 --ar 3:4 --raw

💬 백화점에서 미니 원피스 쇼핑을 하고 있는 한국의 20살 여성 모델 반신샷, 즐거운 표정, 갈색 머리, 넓은 백화점 배경 --ar 3:4 --raw --ow 200 --stylize 150

▲ 원본 이미지

▲ 옴니 레퍼런스(캐릭터 참조) 이미지

위스크에서 이미지 생성하고 영상으로 변환하기

구글 위스크^{Whisk}는 피사체/장면/스타일을 각각 첨부하면 각 특징들을 혼합하여 새로운 이미지를 만들어냅니다. 사용법이 직관적이고 간편합니다.

01 구글랩스 웹사이트에 접속하고 [Sign in with Google] 버튼을 클릭해 구글 아이디로 로그인합니다.

- **구글랩스** : labs.google/fx

02 [Whisk 실행] → [도구 열기]를 클릭합니다.

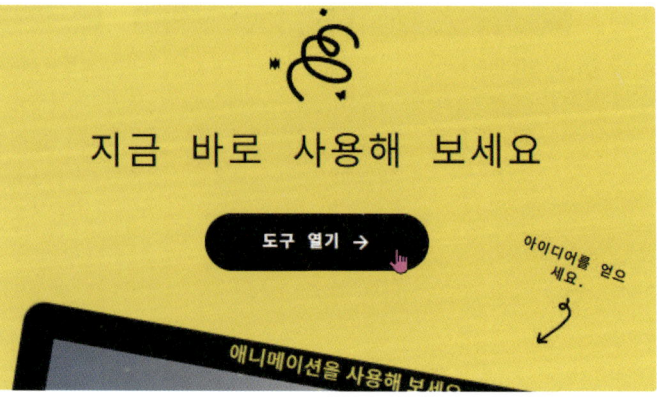

03 좌측 탭을 열면 피사체/장면/스타일 이미지를 즉시 생성하거나 업로드할 수 있습니다. 각 항목에 이미지가 첨부되어 있지 않고 프롬프트만 입력해도 이미지 생성이 가능합니다.

- **피사체** : 주요 요소/개체
- **장면** : 배경/장소
- **스타일** : 화풍/색상/스타일

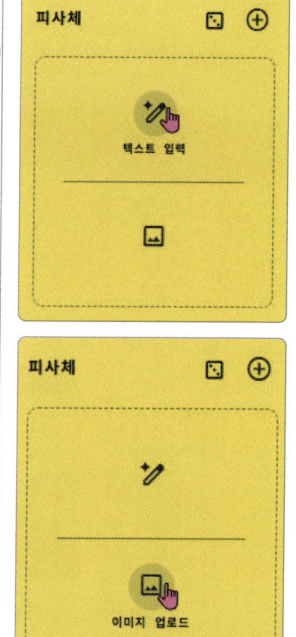

04 하단 프롬프트 입력창 우측의 [가로세로 비율]에서 원하는 종횡비를 지정하고 [설정]에서 나노 바나나 모델을 활성화하세요.

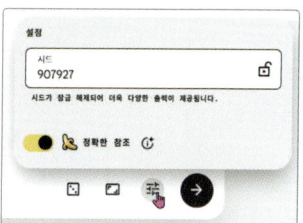

05 피사체, 장면. 스타일 각 항목에 이미지를 첨부하고 [→] 생성 버튼을 클릭하면 프롬프트를 입력하지 않아도 이미지가 생성됩니다.

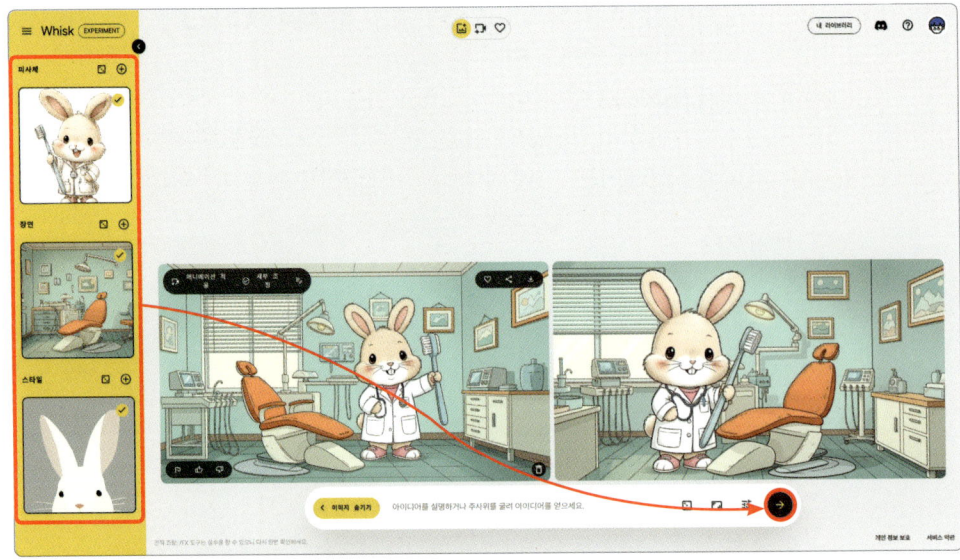

06 생성한 이미지를 영상으로 변환하기 위해 마우스를 올리고 [애니메이션 적용]을 클릭합니다. 프롬프트 입력창에 움직임을 묘사하여 영상을 생성합니다. 이때 프롬프트를 입력하지 않아도 영상 생성이 가능합니다.

구글 믹스보드에서 이미지 생성하고 편집하기

구글 믹스보드는 단순 이미지 생성을 넘어, 아이디어를 시각적으로 빠르게 정리하고 팀원과 공유하는 데 최적화된 AI 도구로 평가받고 있습니다. 텍스트 프롬프트만으로 다양한 이미지를 한 번에 생성하고, 이를 쉽게 정리·공유할 수 있어 유용합니다.

01 구글 믹스보드에 접속하고 구글 아이디로 로그인합니다. [New project]를 클릭하여 프로젝트를 생성합니다.

- **구글 믹스보드** : labs.google.com/mixboard

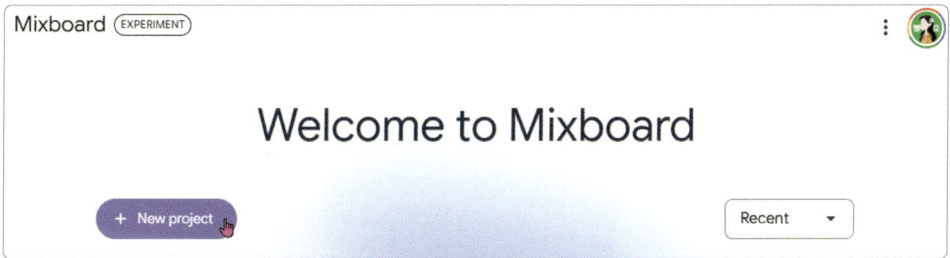

02 편집하고자 하는 이미지 파일을 드래그하여 가져온 후, 편집할 이미지를 클릭하고 이미지를 어떻게 편집하고 싶은지 프롬프트를 구체적으로 입력합니다. 이때 원하는 시안 개수도 지정할 수 있습니다.

03 다양한 시안이 한번에 생성되었습니다. 원하는 이미지를 클릭하고 저장하세요.

> **NOTE** 사용자가 원하는 분위기와 요소를 텍스트로 입력하면, AI가 자동으로 여러 이미지를 생성해 무드보드에 배치해줍니다. 별도의 이미지 편집이나 합성 과정 없이도 브랜드 기획, 무드보드, 스토리보드 등 다양한 시각적 작업에 활용할 수 있습니다.

04 이미지 여러 장을 중복 선택하여 조합하거나 합성할 수도 있습니다.

▲ 완성된 이미지

그록에서 이미지 생성하고 영상으로 변환하기

그록은 웹사이트와 모바일 앱 모두에서 매우 빠른 속도로 높은 퀄리티의 결과물을 제공합니다. 세밀한 디테일(감도 높은 이미지)과 프롬프트 인식률이 뛰어나, 미드저니 대체 툴로 사용되기도 합니다.

01 그록에 접속하고 회원가입 및 로그인합니다. X 계정이 있으면 가장 간편합니다. 왼쪽 메뉴 중 [Imagine]을 클릭합니다.

- 그록 : grok.com

02 프롬프트를 입력하고 원하는 옵션을 선택한 후 Enter 를 눌러 이미지를 생성합니다.

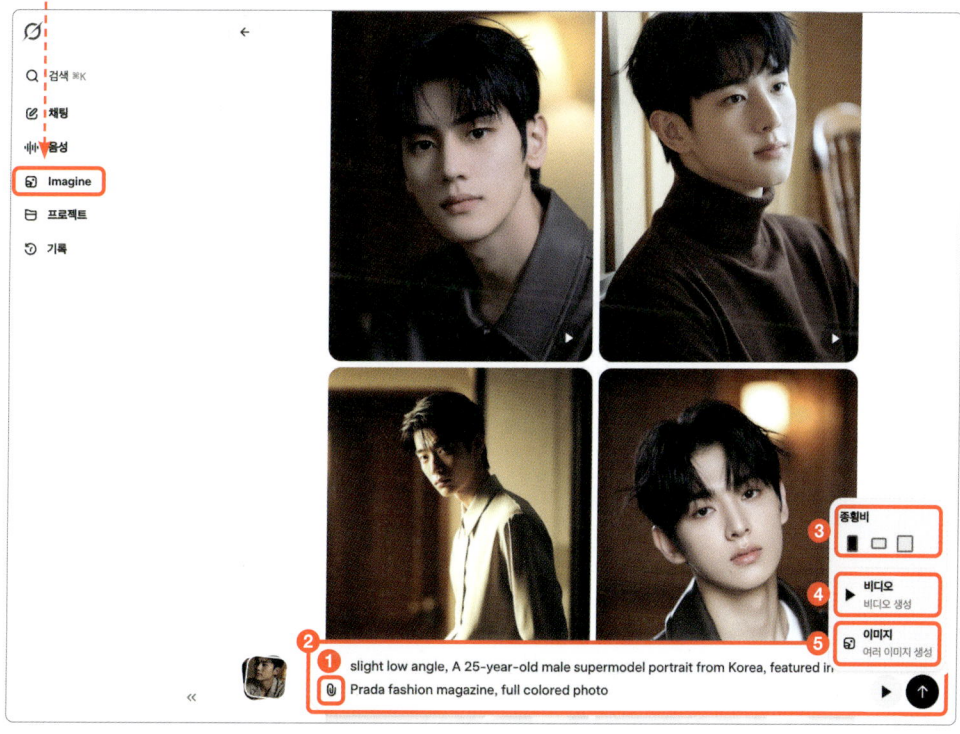

❶ **첨부** : 이미지 첨부, 스케치 그리기, 구글 드라이브 연결 등 편집할 이미지 파일을 첨부할 수 있습니다.

❷ **프롬프트 입력** : 이미지, 비디오 생성 프롬프트를 입력할 수 있습니다.

❸ **종횡비** : 2:3, 3:2, 1:1 중 원하는 종횡비를 설정할 수 있습니다.

❹ **비디오** : 비디오를 생성합니다. 이미지를 첨부하지 않고 비디오를 바로 생성하거나 첨부 이미지를 비디오로 변환합니다. 이미지를 첨부하면 자동으로 생성되며 프롬프트 수정 또한 가능합니다. 인물의 대사, 효과음 등을 지정하여 생성할 수도 있습니다.

❺ **이미지** : 여러 이미지를 생성합니다. 화면을 아래로 스크롤하면 새로운 이미지들이 계속 추가로 생성됩니다.

> **NOTE** 그록은 세밀한 디테일(감도 높은 이미지)과 프롬프트 인식률이 뛰어나, 창의적인 콘텐츠를 제작할 때 좋습니다. 또한 비디오 생성 시 인물 대사, 사운드 효과, 배경 음악을 지정할 수 있어 스토리텔링이 편리합니다.

소라에서 이미지와 영상 생성하기

챗GPT를 개발한 OpenAI의 소라^{Sora}는 이미지와 영상 모두 생성할 수 있습니다. 프롬프트 인식률이 뛰어나며 자막과 자연스러운 대사를 구현해내어 센스 있고 기발한 영상을 생성합니다.

이미지 생성하기

01 챗GPT에 로그인한 후, 소라 최신 버전 웹사이트에 접속합니다. 좌측 하단 더보기를 클릭하고 [Switch to old Sora]를 클릭합니다.

- **소라** : sora.chatgpt.com

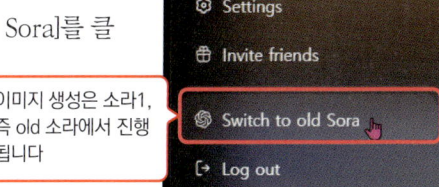

이미지 생성은 소라1, 즉 old 소라에서 진행됩니다

02 프롬프트 칸에 이미지를 첨부하거나 프롬프트를 입력하여 이미지를 생성합니다.

❶ **My media** : 내가 생성한 작업물을 확인합니다.

❷ **이미지 참조** : 이미지를 여러 장 첨부하여 피사체/스타일 등을 참조시킬 수 있습니다.

❸ **프롬프트 입력** : 이미지 생성에 필요한 프롬프트를 입력합니다.

❹ **설정** : 종횡비, 생성 개수 등을 설정합니다.

❺ **Open New Sora** : 영상 생성에 탁월한 소라 최신 버전 웹사이트에 접속합니다.

03 피사체 참조용으로 1번 이미지를, 스타일 참조용으로 2번 이미지를 첨부하고 다음과 같이 프롬프트를 입력했더니 3번 이미지가 생성되었습니다.

> 1번 이미지를 2번 이미지의 3D 렌더링 스타일로 바꿔줘. 주황색 머리띠와 주황색 옷을 입고 노래를 부르는 가수, 푸른 계열 배경

▲ 1번 이미지(피사체 참조)　　▲ 2번 이미지(스타일 참조)　　▲ 3번 이미지(생성된 이미지)

영상 생성하기

01 소라 최신 버전 웹사이트 화면에서 프롬프트 입력창에 이미지를 첨부하거나 프롬프트를 입력하여 영상을 생성합니다.

❶ **Cameo Character** : 캐릭터(인물)을 다각도로 촬영한 영상을 업로드하여 일관적인 캐릭터로 새로운 영상을 생성합니다.

❷ **프롬프트** : 프롬프트를 한글 또는 영문으로 입력하세요.

❸ **이미지 첨부** : 첨부한 이미지를 시작으로 영상이 생성됩니다. 영상 전체의 분위기와 스토리를 좌우합니다. 이미지 첨부를 하지 않아도 영상을 생성할 수 있습니다.

❹ **설정** : 종횡비, 영상 길이 등을 설정할 수 있습니다.

02 좌측의 프로필 사진을 클릭하여 생성된 영상을 확인합니다.

매직 이레이저 웹사이트에서 소라 워터마크를 무료로 간편하게 제거할 수 있습니다.

- AI 소라 워터마크 지우개 : magiceraser.org/sora-watermark-remover

이게 되네?

PART 01

상업 이미지 디벨롭하기

`브랜딩` `마케팅` `상세 이미지`
`스튜디오 촬영` `음식 사진`
`로고 디자인` `패키지 디자인`

▲ 기업 행사 홍보물에 넣을 일러스트 만들기

여기서 공부할 내용

제품 사진을 단순히 합성하거나 배경을 교체하는 기본적인 편집부터 시작해, 패키지 디자인, 상세 이미지 제작, 로고 응용 등 한 단계 높은 활용 방법까지 폭넓게 익힐 수 있습니다. 이 과정을 통해 단순한 사진을 넘어서, 브랜드 이미지를 강화하고 마케팅 효과를 극대화하며, 나아가 판매와 직접적으로 연결되는 강력한 비즈니스 자산으로 발전시키는 경험을 하게 됩니다.

▲ 여러 상품 컷 합쳐서 세트 상품 컷으로 만들기

▲ 음식 옆에 두들 스타일로 재료 나열하기

▲ 염색 이미지 만들기

▲ 제품과 배경 합치기

▲ 인물이 제품을 들고 있는 광고 사진 만들기

미친 활용 01

제품과 배경 합치기

예제 파일 01_before_1.png, 01_before_2.png
완성 파일 01_after.png

합성하고자 하는 제품 이미지와 배경 이미지를 준비합니다. 여기서는 바디로션을 준비했습니다. 배경 이미지는 제품의 분위기와 특성을 고려한 것으로 준비하면 더 좋은 이미지가 완성됩니다.

> **미드저니**
>
> Clean white bathroom interior, pink chequered towel lying somewhere in the bathroom, vase with white flowers in the distance out of focus, warm and bright sunlight, blueberries and raspberries naturally spaced apart, lovely atmosphere. --ar 3:4 --stylize 200
>
> 깨끗한 흰색 욕실 인테리어, 욕실 어딘가에 놓여있는 분홍색 체크무늬 수건, 초점이 맞지 않는 멀리 있는 흰색 꽃병, 따뜻하고 밝은 햇빛, 자연스럽게 떨어져있는 블루베리와 산딸기, 사랑스러운 분위기. --ar 3:4 --stylize 200

Before

먼저 합성하고자 하는 제품 이미지를 준비하세요

제품과 어울리는 배경을 합성하여 광고 이미지를 제작하는 방법을 알아봅니다. 이렇게 하면 단순한 제품 사진보다 브랜드의 개성과 제품의 특장점을 더욱 효과적으로 전달할 수 있습니다. 시선을 사로잡는 이미지를 통해 쇼핑몰 상세 페이지, 섬네일 등 다양하게 활용 가능합니다.

> 나노바나나/씨드림
>
> Place **the body lotion** in the background of number 2 in a natural way. Place **the body lotion** between the towel and raspberries.
>
> 💬 1번의 배경에 2번의 **바디로션**을 자연스럽게 놓기. 수건과 라즈베리 사이에 **바디로션**을 놓기.

After

제품 배경에 분홍색 수건과 베리류를 놓은 이유는 무엇일까요? 분홍색 수건이 제품의 색과 통일감을 주어 제품을 더 돋보이게 만듭니다. 또 제품의 원재료인 베리류를 주변에 놓아 이미지만 봐도 제품의 특성을 알 수 있도록 했습니다. 여러분도 제품의 특징을 가장 잘 표현할 수 있는 배경이 무엇인지 생각해보세요.

미친 활용 02 광고용 음식 사진 만들기

예제 파일 02_before.jpeg
완성 파일 02_after.png

휴대폰이나 카메라로 직접 촬영한 음식 사진 한 장을 준비하세요. 여기서는 토마토 파스타 사진을 준비했습니다. 광고 이미지로 바꿔보겠습니다.

Before

음식을 떨어뜨리며 촬영하는 것은 고도의 전문 기술이 필요합니다. 명령어만으로 고급 기술 없이도 프로페셔널한 음식 이미지를 생성하여 배달 앱, 홈페이지 등 깔끔한 사진이 필요한 곳에 사용해보세요.

이번 실습에서는 휴대폰으로 대충 찍은 사진의 배경을 교체하여 광고에 활용할 수 있는 고품질 이미지로 만드는 방법을 다룹니다. 누구나 가진 일상 사진을 활용할 수 있다는 점에서 부담이 적고, 별도의 스튜디오 촬영 없이도 광고용 이미지를 손쉽게 얻을 수 있습니다.

나노바나나/씨드림

Image of an advertisement for pasta, with a gradient of black and grey in the background, with plump shrimp and tomatoes dripping from above, the close-up pasta is very bright and sharp, Add the shredded cheese and grated Parmesan.

··· 배경을 검은색과 회색의 그라데이션으로 바꾸고, 위에서 탱글탱글한 새우와 토마토가 떨어지는, 파스타 광고 이미지, 클로즈업 된 파스타는 매우 밝고 선명하다, 떨어지는 치즈가루와 파마산 가루를 추가.

After

NOTE 요리에 맞는 재료를 프롬프트에 입력하세요.

이게 되네?
미친 활용 03

음식 사진에 소품을 추가해 먹음직스럽게 바꾸기

예제 파일 03_before.png
완성 파일 03_after.png

원본 음식 사진은 각 요소가 뚜렷하게 보이도록 촬영된 것이 좋습니다. 음식 자체의 색감과 조화를 이루는 배경과 소품을 선택해야 결과물이 자연스럽고 세련되게 완성됩니다.

Before

나노바나나/씨드림

The food is placed on a single fancy Japanese plate, and one of the items is picked up with wooden chopsticks, so that the chopsticks do not obscure the food on the plate.

음식들이 고급스러운 일식 접시 하나에 올려져 있게 바꾸고 음식 중 하나는 나무 젓가락으로 집어올린 모습, 젓가락으로 집어올린 음식이 접시 위 음식을 가리지 않게.

음식 사진에 소품을 AI로 추가하면 훨씬 풍성하고 분위기 있는 이미지를 만들 수 있습니다. 컵, 식기, 식탁보, 꽃 같은 소품이 함께 배치되면 음식의 매력이 강조되고, 특정 콘셉트나 크리스마스, 여름 피크닉 같은 시즌 무드를 손쉽게 연출할 수 있습니다. 덕분에 전문 스튜디오 촬영을 하지 않아도 완성도 높은 광고나 메뉴 이미지를 제작할 수 있고, SNS나 마케팅용 비주얼로도 효과적입니다.

NOTE 요리에 맞는 프롬프트를 입력하세요.

음식 촬영은 고도의 전문 기술이 필요합니다. 고급 기술 없이, 프롬프트만으로도 프로페셔널한 음식 이미지를 생성할 수 있습니다. 배달 앱, 홈페이지, 네이버 블로그, 메뉴판 등 먹음직스러운 사진이 필요한 곳에 사용해보세요.

이게 되네?
미친 활용 04

음식 옆에 두들 스타일로 재료 나열하기

예제 파일 04_before.png
완성 파일 04_after_1.png, 04_after_2.png

비포 이미지는 일반적인 피자 사진입니다. 이렇게만 두면 음식의 비주얼만 전달되고 재료나 스토리가 잘 드러나지 않습니다. 피자 위에 올라간 할라피뇨, 베이컨 등을 두들 스타일로 독특하게 표현해 매력적으로 만들어보겠습니다.

미드저니

Pizza with bacon, green peppers, black olives, button mushrooms and jalapenos, top angle, dark background. --no Separate pieces of pizza, peppers. --ar 3:4 --raw

💬 베이컨, 피망, 블랙 올리브, 양송이버섯, 할라피뇨가 들어간 피자, 상단 각도, 어두운 배경. --no 분리된 피자 조각, 고추 --ar 3:4 --raw

Before

NOTE 손 그림과 손 글씨를 쓸 여백 없이 개체가 꽉 차 있으면 명령이 잘 인식되지 않습니다. 미드저니 Edit 기능을 통해 배경을 확장하여 진행해보세요. 또는 **미친 활용 28**을 참고하여 배경을 확장하세요.

나노바나나/씨드림

Add the ingredients to this pizza with white hand drawings and handwriting on the side of the pizza. Add the five ingredients - bacon, jalapenos, cheese, black olives, and button mushrooms - to the pizza with cute irregular hand drawings around the perimeter of the pizza and write the names of the ingredients in English. Write 'Custom Pizza' at the top and 'Toppings your way' at the bottom in a matching font.

이번 실습에서는 실제 사진에 두들 스타일(손 그림과 손 글씨)을 조합해 음식에 담긴 원재료를 독창적으로 표현하겠습니다. 이렇게 하면 단순히 맛있어보이는 사진이 아니라, 어떤 재료가 사용되었는지 직관적으로 보여줄 수 있어 메뉴판이나 홍보 이미지에서 차별화된 효과를 낼 수 있습니다.

> 💬 이 피자에 들어가는 원재료를 피자 옆에 흰색 손 그림과 손 글씨로 추가해줘. 베이컨, 할라피뇨, 치즈, 블랙 올리브, 양송이버섯 이렇게 다섯 가지 재료를 피자 주변에 불규칙적으로 귀여운 손 그림으로 그리고 재료명도 영어로 같이 써줘. 어울리는 폰트로 상단에는 'Custom Pizza'라고 적고 하단에는 'Toppings your way'라고 적기.

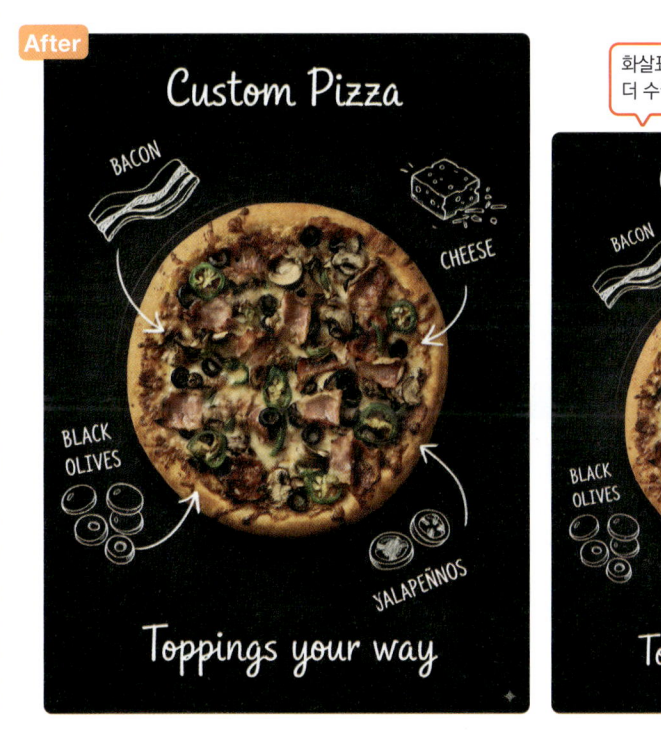

화살표는 추후에 추가하면 더 수월합니다

손 그림과 화살표가 한 번에 잘 나오지 않는다면 먼저 손 그림을 추가한 이미지를 생성하세요. 그 이후 이미지를 재첨부해 화살표를 추가하는 식으로 단계를 나누어 진행하면 원하는 결과를 잘 얻을 수 있습니다.

미친 활용 05 — 네일 팁을 손에 합성하기

예제 파일 05_before.jpeg
완성 파일 05_after_1.png, 05_after_2.png

원하는 스타일의 네일 팁을 먼저 생성하거나 촬영한 후, 해당 이미지를 첨부하여 손에 합성해달라고 요청해보세요.

> **위스크**
>
> Christmas-themed nail tips, nail models glued to small pieces of paper.
>
> 💬 크리스마스 테마의 네일 팁, 작은 종이 조각에 붙인 네일 모델.

Before

특히 네일 숍, 네일 아트 작가, 인플루언서들이 신제품이나 시즌 디자인을 SNS에 올릴 때 활용하면 좋습니다. 하지만 불가능한 예시를 올려놓거나 실제 진행하지 않았음에도 진행했던 것처럼 허위로 올려놓으면 문제가 되니 주의하세요.

원하는 네일 팁 이미지를 AI로 생성하거나 촬영한 뒤 이미지를 손 사진에 자연스럽게 합성하는 방법으로 멋진 네일 아트 결과물을 만들 수 있습니다. 이런 방식은 손 모델을 섭외하거나 직접 네일을 하지 않아도 다양한 네일 디자인을 빠르게 시각화하고 홍보하는 데 아주 효과적입니다.

Choose from these designs and apply them to women's nails, close-up of a woman's hand with nail art. Nail art advertising photo.

이 디자인 중 골라서 여성 네일에 정확히 표현, 네일 아트를 한 여성의 손 클로즈업. 네일 아트 광고 사진.

"새끼손가락 손톱의 디자인을 흰색 바탕에 산타 모자가 올려진 것으로 바꿔줘"

다섯 개의 손톱 중 일부가 제대로 표현되지 않았다면 다시 첨부하여 수정해보세요.

미친 활용 06

염색 이미지 만들기

예제 파일 06_before_1.png, 06_before_2.png
완성 파일 06_after_1.png, 06_after_2.png

실습을 시작하기 전에, 머리색을 바꿔보고 싶은 사람의 사진 또는 셀카를 미리 준비해주세요. 정면에 머리 전체가 잘 보이는 사진이 가장 효과적입니다. 모델 사진이 없다면 독자 제공 자료로 제공하는 예제 파일을 활용해도 좋습니다.

> **미드저니**
>
> A 27-year-old male supermodel from Korea, front view, Unique appearance, featured in luxury goods fashion magazine. --no low angle, blond hair, long hair, black and white photo, side view. --ar 3:4

••• 한국 출신의 27세 남성 슈퍼 모델, 정면 보기, 독특한 외모, 명품 패션 매거진에 등장. -- no 로우 앵글, 금발 머리, 긴 머리, 흑백 사진, 측면 보기

Before

이 방법을 활용해 실제로 염색하지 않아도 다양한 헤어 컬러를 미리 적용해볼 수 있습니다. 미용실에서는 고객의 사진으로 원하는 색상을 시뮬레이션하며, 시술 전 스타일 상담에 활용할 수 있습니다. 이번 실습에서는 준비한 인물 사진에 여러 가지 컬러를 입혀보며, 실제 염색 후의 느낌을 미리 확인하겠습니다.

독특한 인물 이미지를 생성할 때, 헤어 컬러만 바꾸어도 분위기가 확 달라질 수 있습니다.

NOTE 불가능한 예시임에도 가능한 것처럼 활용하거나 실제 진행하지 않았음에도 진행했던 것처럼 허위로 사용하면 문제가 되니 주의하세요.

미친 활용 07 — 로고와 간판 만들기

예제 파일 07_before.png
완성 파일 07_after.png

간판의 형태와 배경(네온 간판, 외벽 간판, 실내 보드 등)을 미리 정해두면 AI가 더 자연스럽게 합성할 수 있습니다. 또한 실제 설치될 환경과 유사한 참고 이미지를 함께 사용하면 결과물이 현실감 있게 완성됩니다.

> **나노바나나**
>
> The logo is simple and cute with a dog and a cat, the colour is yellow with yellow accents, and the brand name is 'DAENG CHEONG'.
>
> 강아지와 고양이가 심플하고 귀엽게 그려진 로고, 색상은 노란색 포인트, 브랜드명은 'DAENG CHEONG'

Before

AI로 간판에 실제로 인쇄된 모습을 확인하면 단순히 디자인 파일만 보는 것보다 훨씬 현실적인 이미지를 얻을 수 있습니다. 로고가 실제 공간과 어떤 조화를 이루는지, 색감과 크기가 거리에서 얼마나 눈에 띄는지 미리 검토할 수 있어 시행착오를 줄일 수 있고, 고객이나 팀원에게도 직관적으로 결과물을 보여줄 수 있습니다.

> 나노바나나/씨드림
>
> This logo is on a circular sign for a dog/cat supply store, light yellow background, high up on a building.
>
> 💬 이 로고가 강아지/고양이 용품 판매점의 원형 간판에 새겨진 모습, 연노랑 바탕, 건물의 높은 곳에 달린 간판.

After

로고를 명함, 스티커, 앞치마 등 여러 소품에 인쇄된 모습을 미리 생성해보세요.

이게 되네? 미친 활용 08

모델 사진에 패션 아이템 입힌 코디 사진 만들기

예제 파일 08_before_1.png, 08_before_2.png
완성 파일 08_after.png

실습을 시작하기 전에, 얼굴과 전신이 잘 나온 모델 사진을 미리 준비해주세요. 코디할 패션 아이템 이미지도 함께 준비합니다. 아이템 사진은 배경이 제거되었거나 없이 촬영된 것이 자연스러운 합성에 더 효과적입니다. 모델 사진이나 아이템이 없다면, 독자 제공 자료로 제공하는 예제 파일을 활용해도 좋습니다.

미드저니

> Frontal view of a 25-year-old slender woman from South Korea, wearing a lovely dress with flower pattern, white shoes, braided brown hair, Gangnam alleyway background, pleasant smile. --ar 2:3 --raw --stylize 150

💬 한국의 25살 날씬한 여성의 정면 전신, 플라워 패턴 사랑스러운 원피스, 흰 신발, 강남 골목길 배경, 기분 좋은 미소. --ar 2:3 --raw --stylize 150

Before

NOTE 한글로 프롬프트를 작성하면 보다 '한국스럽게' 이미지가 생성됩니다.

이번 실습에서는 상의, 하의, 액세서리 등 여러 패션 아이템을 한 인물이 동시에 착용한 모습으로 합성해, 완성된 코디 이미지를 만들어봅니다. 이렇게 하면 단순히 개별 아이템 사진만 보는 것이 아니라, 실제로 착장했을 때의 전체적인 분위기를 직관적으로 확인할 수 있습니다.

나노바나나/씨드림

Make outfits look natural on women.

··· 코디를 여성에 자연스럽게 적용.

After

미친 활용 08 모델 사진에 패션 아이템 입힌 코디 사진 만들기

미친 활용 09 — 모델이 착용한 패션 아이템 잡지 스타일로 콜라주하기

예제 파일 09_before.png
완성 파일 09_after.png

전신이 잘 나오고 디테일이 선명한 고해상도 사진을 준비해야 합니다. 여기서는 **미친 활용 08**에서 만든 이미지를 사용하겠습니다.

Before

단순히 착장 사진만 올리면 재미없죠. 마치 패션 잡지의 한 페이지처럼 사진을 편집해서 내 상품의 가치와 주목도를 높여보세요.

> **NOTE** 여행 사진을 인스타그램 스토리에 업로드할 때도 이 방법을 활용해보세요. 특별한 OOTD 사진이 될 겁니다.

패션 아이템을 별도로 표시하면 전체 스타일에서 핵심 요소를 쉽게 파악할 수 있고, 조합 방식을 직관적으로 이해할 수 있습니다. 또한 소비자가 원하는 아이템을 바로 확인할 수 있어 구매로 이어지기 쉽습니다.

나노바나나/씨드림

Place each fashion item on either side of the person in a collage style. **White t-shirt, vest, beige trousers, sneakers, sunglasses and bag,** all fashion items named in English, one-page fashion magazine style.

각 패션 아이템을 인물 양 옆에 콜라주 스타일로 배치. **흰 티셔츠, 조끼, 베이지색 바지, 스니커즈, 선글라스와 가방,** 모든 패션 아이템은 영어로 명칭, 패션 잡지의 한 페이지 스타일.

인물 사진은 물론 그림도 가능해요

미친 활용 10

제품을 돋보이게 하는 연출 컷 만들기

예제 파일 10_before_1.png, 10_before_2.png, 10_before_3.png
완성 파일 10_after.png

제품의 형태와 디자인, 재질, 브랜드명이 잘 드러나는 사진을 준비해주세요. 배경 이미지는 제품의 특징을 잘 살려줄 수 있는 분위기로 생성하는 것이 좋습니다. 직접 찍은 제품 사진이나 웹에서 내려받은 이미지를 활용할 수 있고, 별도의 배경 이미지가 없을 때에는 독자 제공 예제 파일을 활용해도 좋습니다.

> **미드저니**
>
> Advertising photo of a gold Cosmetic facial cushion product, luxurious background in gold and ivory combination, white feathers flying around, Canon EOS R5, 85mm f/1.2 lens. --ar 3:4 --raw
>
> 💬 골드 코스메틱 페이셜 쿠션 제품 광고 사진, 골드와 아이보리 조합의 고급스러운 배경, 하얀 깃털이 날아다니는 모습, 캐논 EOS R5, 85mm f/1.2 렌즈. --ar 3:4 --raw

Before

원하는 연출 컷은 미드저니로 만드세요

먼저 합성하고자 하는 제품 이미지를 준비하세요

배경 이미지를 생성할 때 비슷한 형태의 제품도 해당 배경에 함께 있도록 생성하면 더 수월하게 진행됩니다.

이번 실습에서는 제품을 돋보이게 하는 연출 컷을 직접 만들어봅니다. 상세 페이지, 섬네일, SNS 콘텐츠 등 다양한 용도로 활용할 수 있어 유용합니다. 단순히 제품 사진만 나열하는 게 아니라, 원하는 분위기의 배경을 직접 연출하고 그 위에 제품을 자연스럽게 합성해 완성도 높은 이미지를 만들 수 있습니다.

나노바나나/씨드림

Blend the closed cushion from image 1 and the open cushion from image 2 into the background of image 3. Erase the product in image 3 and insert products 1 and 2 in its place.

··· 1번의 뚜껑이 닫힌 쿠션, 2번의 뚜껑이 열린 쿠션을 3번의 배경에 자연스럽게 합성해줘. 3번 이미지에 있는 제품은 지우고 1번과 2번 제품을 그 자리에 넣어줘.

After

이미지 참조 없이 배경을 생성하는 것보다 이렇게 미리 배경을 생성한 뒤 제품을 합성해야 의도한 이미지를 더 정확하게 만들 수 있습니다.

이게 되네? 미친 활용 11

인물이 제품을 들고 있는 광고 사진 만들기

예제 파일 11_before_1.png, 11_before_2.jpg
완성 파일 11_after_1.png, 11_after_2.png, 11_after_3.mp4

브랜드나 제품의 분위기와 걸맞는 모델 이미지를 생성하고 합성하겠습니다. 모델 사진이 없다면 기본 제공되는 예시 이미지를 활용해도 무방합니다.

> **미드저니**
>
> Close-up portrait of a Korean woman in her early 20s. Simple black sleeveless dress, porcelain smooth skin, natural glossy make-up, pink nude lips and subtly glowing cheeks. Hair is styled in a neat low bun, with strands flowing naturally, emphasising minimalist beauty. Pose with shoulders slightly turned, hands gently resting on shoulders. Soft neutral-toned background, studio softbox lighting, ultra-high resolution, realistic skin, mixed front and side angles. --ar 4:5 --raw --stylize 50

💬 20대 초반의 한국 여성 클로즈업 인물 사진. 검은색 심플한 슬리브리스, 도자기같이 매끈한 피부, 자연스러운 글로시 메이크업, 핑크 누드 립, 은은한 광채가 도는 볼. 단정한 로우번 헤어스타일에 잔머리가 자연스럽게 흐르고, 미니멀한 아름다움을 강조한 뷰티 스타일. 어깨를 살짝 틀고, 손을 어깨 위에 부드럽게 올린 포즈. 부드러운 뉴트럴 톤 배경, 스튜디오 소프트박스 조명, 초고해상도, 리얼한 피부 표현, 전면-측면 혼합 앵글. --ar 4:5 --raw --stylize 50

Before

먼저 합성하고자 하는 제품 이미지를 준비하세요

NOTE 한글로 프롬프트를 작성하면 보다 '한국스럽게' 이미지가 생성됩니다.

이번 실습에서는 실제 연예인이나 모델을 섭외하지 않고, **AI로 생성한 모델을 활용해 광고 이미지를 제작하는 방법**을 다룹니다. 제품 사진이 부족해서 걱정이신 사장님, 모델을 따로 쓰기 어려운 작은 브랜드·셀러에게 꼭 필요한 팁입니다. 전통적인 방식으로는 많은 시간과 비용이 필요합니다. 그러나 **AI 모델 생성 방식**을 사용하면 짧은 시간 안에 브랜드 콘셉트와 제품에 어울리는 이미지를 얻을 수 있습니다.

나노바나나/씨드림

Woman elegantly holding cream cosmetics, luxury cosmetics advertisement photo.

크림 화장품을 우아하게 들고 있는 여성, 고급스러운 화장품 광고 사진.

"자연스러운 손과 팔을 만들어줘. 테이블과 토끼 인형 삭제, 불필요한 팔을 없애줘"

원본 이미지의 영향을 받아 부자연스러운 이미지가 생성된다면, 잘못된 부분을 수정해달라고 다시 명령해보세요. 특히 AI가 손 모양을 부자연스럽게 생성하면, '손 모양을 자연스럽게' 등의 프롬프트를 사용할 수 있습니다. 모델 이미지 참조없이 생성하는 것보다 이렇게 미리 모델을 생성한 뒤 제품을 합성해야 의도한 이미지를 더 정확하게 만들 수 있습니다.

 **쌩초보 꿀팁** **이미지를 광고 영상으로 만들어보세요!**

생성한 이미지를 활용해 짧은 영상을 만들어보세요. 이미지만 사용할 때보다 훨씬 높은 광고 효과와 주목도를 얻을 수 있습니다.

미친 활용 11 인물이 제품을 들고 있는 광고 사진 만들기

미친 활용 12

정확한 포즈를 지정한 광고 모델 컷 만들기

예제 파일 12_before_1.png, 12_before_2.png
완성 파일 12_after.png

브랜드나 제품의 분위기와 걸맞는 모델 이미지를 생성하고 제품을 손에 든 광고 이미지를 생성하겠습니다. 제품의 형태, 디자인, 재질, 텍스트가 잘 보이는 사진을 준비해주세요. 모델 이미지는 제품을 돋보일 수 있게 생성해보세요. 모델 이미지를 1번, 제품 사진을 2번으로 준비하세요.

> **미드저니**
>
> A commercial beauty portrait of an elegant woman holding a small gold Cosmetic facial cushion, face close up. Hold the name of the cosmetic product so that it is clearly visible, wearing a stylish asymmetrical black dress, flawless dewy skin, soft natural makeup, subtle glossy lips, minimal silver jewelry, posed gracefully in a modern white studio, bright soft lighting with clean shadows, shot with a Canon EOS R5, 85mm f/1.2 lens, neutral color palette with a touch of warmth. --raw --ow 425

💬 작은 금색 화장품 페이셜 쿠션을 들고 있는 우아한 여성의 광고 미용 초상화, 얼굴 클로즈업, 화장품 이름이 선명하게 보이도록 잡고, 세련된 비대칭 블랙 드레스, 결점 없는 이슬 맺힌 피부, 부드러운 자연스러운 메이크업, 은은한 광택 입술, 최소한의 실버 주얼리, 현대적인 흰색 스튜디오에서 우아하게 포즈, 깨끗한 그림자가 있는 밝고 부드러운 조명, Canon EOS R5, 85mm f/1.2 렌즈, 따뜻한 터치가 있는 중성 색상 팔레트로 촬영했습니다. --raw --ow 425

Before

먼저 합성하고자 하는 제품 이미지를 준비하세요

이번 실습에서는 모델 이미지와 제품 사진을 단순히 합성하는 수준을 넘어, 원하는 포즈를 미리 지정한 모델 이미지를 활용해 광고 컷을 제작하는 방법을 다룹니다. 기본적으로 모델과 제품 이미지를 그대로 합성하면 어떤 포즈로 결과물이 나올지 예측하기 어려워, 실제 의도와 다른 장면이 생성되곤 합니다. 원하는 포즈를 미리 생성한 뒤 제품 이미지를 함께 첨부하면, 훨씬 자연스럽고 목적에 맞는 광고 이미지를 얻을 수 있습니다.

> **NOTE** 미드저니에서 Omni Reference에 제품 사진을 첨부하면 비슷한 제품을 들고 있게끔 생성이 가능합니다.

나노바나나/씨드림

Change the product with the woman in photo 1 to the product in photo 2.

1번 사진의 여성이 든 제품을 2번 사진의 제품으로 변경.

After

제품을 들고 있지 않은 모델 이미지를 첨부하면 제품 크기가 실제보다 크거나 작게 합성이 될 수 있습니다. 그렇기 때문에 제품 크기를 고려한 모델 이미지를 첨부하면 더 수월하게 원하는 이미지를 생성할 수 있습니다.

미친 활용 13

여러 상품 컷 합쳐서 세트 상품 컷으로 만들기

예제 파일 13_before_1.jpg, 13_before_2.jpg
완성 파일 13_after.png

비포 이미지는 각기 따로 촬영된 제품 컷입니다. 각 제품의 형태, 디자인, 재질, 브랜드명이 잘 보이는 사진을 준비해주세요.

> 위스크
>
> ❶ A simple toner cosmetic with the words 'Golden Rabbit' written in cursive.
>
> … 필기체로 '골든래빗'라고 쓰여 있는 간단한 토너 화장품.
>
> ❷ One cream cosmetic product with the words 'Golden Rabbit' written on it.
>
> … '골든래빗'이라는 단어가 적힌 크림 화장품 1개.

Before

이번 실습에서는 세트 상품을 하나의 이미지로 구성하는 방법을 배웁니다. 각각 따로 촬영한 제품 사진을 합성해 하나의 장면처럼 배치함으로써, 소비자에게 '세트 구성'의 가치를 직관적으로 보여줄 수 있습니다.

브랜드나 제품의 분위기와 걸맞는 모델 이미지를 생성하고 제품을 손에 든 광고 이미지를 생성합니다.

> 나노바나나/씨드림

A close-up shot of toner and cream together on a white marble table, a gold bunny stuffed animal next to cosmetics, and a beige wall.

••• 토너와 크림이 흰 대리석 테이블 위에 함께 있는 클로즈업 샷, 화장품 옆에 놓인 금색 토끼 인형, 베이지색 벽면.

After

이게 되네? 미친 활용 14

제품 실사 크기로 조절한 자연스러운 광고 사진 만들기

예제 파일 14_before.png
완성 파일 14_after.png

제품의 실제 크기나 비율을 정확히 알고 있어야 하며, 함께 등장하는 소품이나 주변 요소와의 상대적 크기를 기준으로 조정해야 자연스럽습니다. 현재는 이전 페이지에서 생성한 애프터 이미지를 사용합니다.

나노바나나/씨드림

A close-up shot of toner and cream together on a white marble table, a gold bunny stuffed animal next to cosmetics, and a beige wall.

💬 토너와 크림이 흰 대리석 테이블 위에 함께 있는 클로즈업 샷, 화장품 옆에 놓인 금색 토끼 인형, 베이지색 벽면.

Before

01 그림판에서 제품 크기가 맞지 않는 파일을 열고 선택 도구를 클릭합니다.

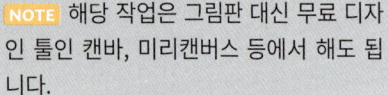

NOTE 해당 작업은 그림판 대신 무료 디자인 툴인 캔바, 미리캔버스 등에서 해도 됩니다.

이미지를 편집하다가 상품의 크기를 임의로 조정한다면 소비자에게 정확한 정보를 주지 못하고, 신뢰도가 떨어질 수 있습니다. 이번에는 제품 크기를 실제 비율에 맞게 조정하여 실제와 같은 비율로 조정하는 법을 배웁니다. 특히, 온라인 쇼핑몰이나 광고에서 생길 수 있는 크기 착오를 줄여 불만이나 오해를 예방할 수 있습니다.

02 선택 도구로 크기를 맞출 제품 주변을 선택한 후 제품의 크기를 알맞게 조정합니다.

03 파일 → 다른 이름으로 저장 → PNG 그림을 클릭해 저장한 이미지를 첨부하면서 프롬프트를 입력하면 됩니다.

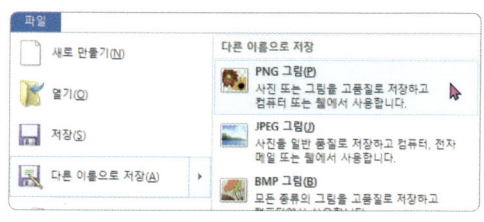

나노바나나/씨드림

Remove the square border around the product on the left, make the product and text clearer, the text colour is slightly darker gold, and the bottom left of the product has a bunny that looks exactly like the other bunny.

💬 왼쪽 제품 주변의 사각 경계선 삭제, 제품과 글씨를 선명하게, 글씨 컬러는 살짝 어두운 금색, 제품 왼쪽 아래에는 다른 토끼인형과 똑같이 생긴 토끼인형이 놓아져 있다.

NOTE 결과물 검토 시 실제 제품 사진과 비교해 어색함이 없는지 확인하는 과정이 필요합니다.

After

미친 활용 15

제품 뚜껑 열린 모습
추가 촬영 없이 생성하기

예제 파일 15_before.jpg
완성 파일 15_after.png

뚜껑이 닫힌 상태의 제품 원본 사진을 준비해주세요. 제품의 형태, 디자인, 재질, 텍스트가 잘 보이는 사진을 준비해주세요.

위스크

One cream cosmetic product with the words Golden Rabbit written on it.

골든래빗이라는 단어가 적힌 크림 화장품 1개.

Before

이번 실습에서는 뚜껑이 닫힌 제품 사진을 바탕으로, 추가 촬영 없이 뚜껑이 열린 모습을 생성하는 방법을 배웁니다. 이렇게 하면 실제 촬영 없이도 더 다양한 연출 컷을 만들 수 있어 효율적입니다.

나노바나나/씨드림

Open the lid and stand it at an angle next to the product.

뚜껑을 열어서 제품 옆에 비스듬히 세워줘.

After

이게 되네?
미친 활용 16

간단한 스튜디오 컷을 고급스럽게 바꾸기

예제 파일 16_before.jpg
완성 파일 16_after.png

제품의 정확한 모습과 색상을 반영하기 위해 고해상도의 기준 이미지가 필요합니다. 브랜드의 톤앤매너와 맞는 콘셉트 방향을 미리 정해두는 것이 중요합니다.

> **나노바나나**
>
> Shampoo with GOLDEN RABBIT written on it, simple light grey background, gold on the top and black on the body.
>
> 💬 GOLDEN RABBIT이라고 써져있는 샴푸, 심플한 연회색 배경, 윗쪽만 금색이고 몸통 부분은 검은색 바탕에 금색 글씨.

Before

실제 촬영 없이 다양한 콘셉트와 분위기를 시도하고, 비용과 시간을 절약하면서 고품질의 마케팅 이미지를 제작해봅시다. 제품을 여러 배경이나 스타일에 손쉽게 배치할 수 있어 활용도가 높습니다. 촬영으로 구현하기 어려운 연출이나 소품 추가도 자연스럽게 구현할 수 있습니다.

나노바나나/씨드림

The product on the marble podium, very small and cute golden bunny figurines around the marble, placed in small quantities as bunnies, each in a different pose, and subtle wood shadows cast on the walls.

··· 대리석 단상 위의 제품, 대리석 주위에 아주 작고 귀여운 금색 토끼 인형, 각각 다른 포즈의 토끼로 소량 배치, 벽면에 드리워진 은은한 나무 그림자.

After

와이드 샷을 활용해 특정 영역 클로즈업하기

이게 되네? 미친 활용 17

예제 파일: 17_before.png
완성 파일: 17_after_1.jpeg, 17_after_2.png

와이드 샷 이미지를 준비하고, 어떤 영역을 클로즈업하고 앵글을 어떻게 바꾸면 좋을지 생각해보세요.

미드저니

> Top view, chair in front of the washing machine, leisurely, wood table, inside a laundry room with wood, blue, and beige interior. --ar 16:9 --raw --profile n4tznpe --stylize 50
>
> 상단 뷰, 세탁기 앞의 의자, 여유로운, 나무 테이블, 나무, 파란색 및 베이지색 인테리어 세탁실 내부. --ar 16:9 --raw --profile n4tznpe --stylize 50

Before

나노바나나/씨드림

> Make it look like the photographer is standing directly in front of the washing machine, aiming the camera at the centre height of the machine. There should be no top-down angles or tilts.
>
> 싱크대 익스트림 클로즈업, 싱크대 바로 앞에서 싱크대의 정중앙 높이에 카메라를 맞추고 찍은 것처럼 만들어줘. 위에서 내려다 보는 각도나 기울임은 전혀 없어야 해.

이번 실습은 제품 상세 페이지처럼 전체 장면을 촬영한 사진을 활용해, 필요한 부분을 클로즈업해 디테일한 모습을 강조하는 방법입니다. 와이드 샷을 준비한 뒤, 실제 사용 장면이나 핵심 포인트가 잘 드러나도록 어떤 영역을 클로즈업하고 앵글을 조절하면 좋을지 미리 생각해보는 것이 중요합니다.

이미지 생성 시 '익스트림'이라는 문구를 넣으면 더 극적인 이미지를 연출합니다. 익스트림 로우 앵글, 익스트림 롱샷 등의 키워드를 사용할 수 있습니다. 상세 페이지나 마케팅 콘텐츠에 활용하여 제품의 매력을 훨씬 효과적이고, 강렬하게 전달해보세요.

미친 활용 18

패키지 디자인을
다각도 목업 이미지로 만들기

예제 파일 18_before.png
완성 파일 18_after_1.png, 18_after_2.png, 18_after_3.mp4, 18_after_4.mp4

제품의 특성과 대상층에 맞는 디자인 방향성을 먼저 정리해두어야 합니다. 고급스러움, 친환경, 미니멀 등 원하는 콘셉트나 참고 이미지가 있으면 더 완성도 높은 시안을 얻을 수 있습니다.

나노바나나

> Package design for a delicious peach jam, the label on the jar reads "Organic Peach Jam". Cute design featuring a girl in a peach costume biting into a peach.

💬 맛있는 복숭아 잼 패키지 디자인, 병의 라벨에 "Organic Peach Jam"이라고 적혀 있다. 복숭아 탈을 쓴 소녀 캐릭터가 복숭아를 깨물어먹는 모습이 그려진 귀여운 디자인.

Before

AI를 활용해 패키지 디자인의 목업을 다각도로 만들어봅시다. 같은 제품이라도 다양한 콘셉트와 스타일을 빠르게 시각화할 수 있어 기획 단계에서 선택의 폭이 넓어집니다. 실제로 제작하기 전에 여러 시안을 비교, 검토할 수 있어 비용도 절감됩니다.

> 나노바나나/씨드림

❶ Show the back design of this peach jam package. On the back are the words that should be written on the package by default. Leave the lid intact.

💬 이 복숭아잼 패키지의 뒷모습 디자인을 보여줘. 뒤에는 패키지에 기본적으로 써져 있어야 할 글귀들. 뚜껑은 그대로 유지.

❷ Show the top design for this package of peach jam. The lid has only a peach character on it.

💬 이 복숭아잼 패키지의 윗모습 디자인을 보여줘. 뚜껑에는 복숭아 캐릭터만 그려져 있음.

After

쌩초보 꿀팁 패키지 이미지를 광고 영상으로 만들어보세요!

패키지의 다각도 이미지 2장을 가지고 영상 생성 AI에 Start Frame-End Frame으로 첨부해 보세요. 두 이미지가 자연스럽게 연결되며 고급스럽고 전문적인 영상이 생성됩니다.

미친 활용 19
책 표지 디자인하고 목업 이미지 만들기

예제 파일 19_before.png
완성 파일 19_after.png

책의 주제와 톤에 맞는 구체적인 콘셉트를 정리해두고, 제목, 부제, 저자명 등 반드시 포함되어야 할 텍스트를 정확히 준비하세요.

> **위스크**
>
> Oblique side view of banana and banana character on desk, banana character is wearing hip hop outfit and sunglasses, holding sunglasses with one hand, banana character standing in front of banana.
>
> 책상 위에 올려진 바나나와 바나나 캐릭터 비스듬한 옆모습, 바나나 캐릭터는 힙합 의상과 선글라스를 쓰고 있고 한 손으로 선글라스를 잡고 있다, 바나나 앞에 서 있는 바나나 캐릭터.

Before

AI로 책 표지와 목업을 만들면 전문 디자이너에게 의뢰하지 않아도 빠르게 다양한 디자인 시안을 확인할 수 있어 아이디어 검토 과정이 훨씬 효율적입니다. 실제로 제작하지 않고 완성된 책의 모습을 미리 확인할 수 있어 출간 전 홍보나 마케팅 자료로 활용하기 좋습니다.

나노바나나/씨드림

Book cover with banana and banana character, AI book book cover design with 'CRAZY! AI STUDIO' text, oblique side view book mockup, white background.

바나나와 바나나 캐릭터가 들어간 책 표지, 'CRAZY! AI STUDIO' 글씨가 들어간 AI 도서 책 표지 디자인, 비스듬한 옆모습의 책 목업, 흰 배경.

After

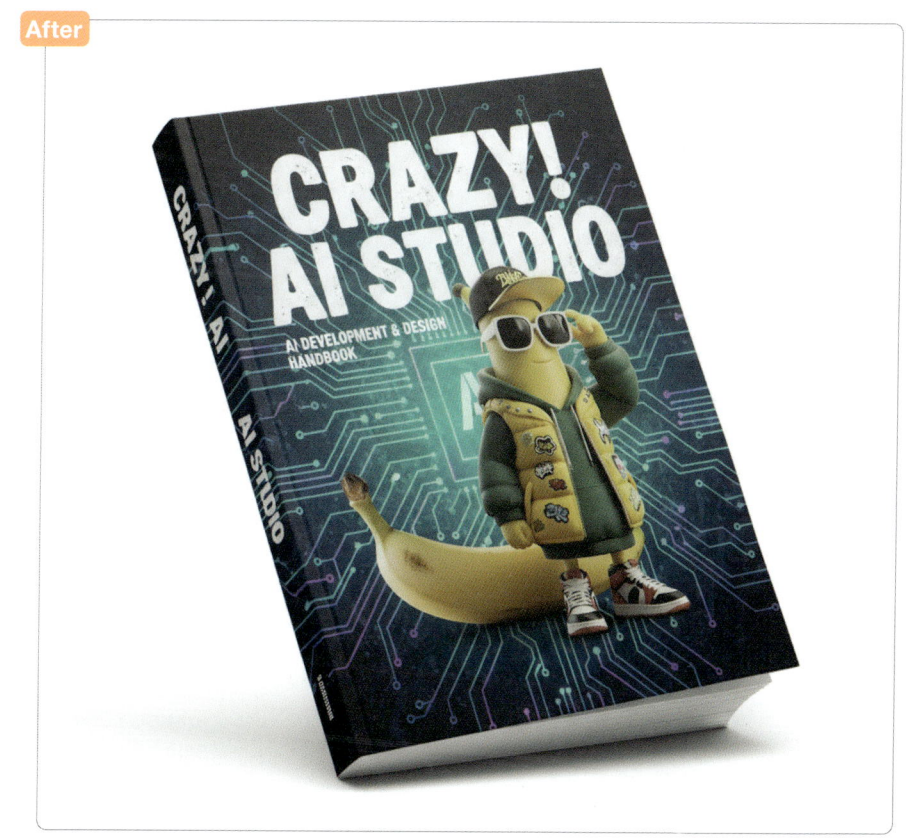

미친 활용 19 책 표지 디자인하고 목업 이미지 만들기 101

로고 디자인을 종이에 음각 인쇄하기

미친 활용 20

예제 파일 20_before.png
완성 파일 20_after.png

실습을 시작하기 전, 로고 디자인 이미지와 음각 효과를 적용할 종이, 간판, 패키지 등의 배경 이미지도 함께 준비해주세요. 준비가 어려울 때에는 예제 파일을 활용해도 무방합니다.

> **소라**
> In the hand-drawn style of the reference image, create one logo with a cute white bichon puppy with a ball in its mouth. The dog's wide open mouth should be well represented, not just a ball stuck in his mouth. It's a logo for a pet product. The main colour is orange. The brand name is PET PANG and the words 'for happy pet' in thick cursive arched above the head and below the puppy in a slightly less emphatic font.

참고 이미지의 손 그림 스타일로, 귀여운 흰색 비숑 강아지가 입에 공을 물고 있는 로고 하나를 만들어 줘. 공을 물고 있는 강아지의 크게 벌린 입이 잘 표현되어야 해. 그냥 입에 공이 붙어있는 것처럼 보이면 안 돼. 반려동물용품 로고야. 포인트 컬러는 주황색. 브랜드명은 PET PANG이고 머리 위에 아치형으로 두꺼운 필기체, 강아지 아래에는 'for happy pet'이라고 조금 덜 강조되는 폰트로.

Before

이번 실습에서는 로고 디자인을 실제 종이에 음각으로 인쇄된 모습을 미리 프로토타이핑하는 방법을 배우겠습니다. 원하는 스타일의 로고 이미지를 첨부하고 로고 디자인과 텍스트를 생성한 후, 완성된 로고가 종이, 간판, 패키지 등에 인쇄된 모습을 시각화해 실제 제작 전에 결과물을 예측할 수 있습니다.

생성한 로고를 종이, 간판, 패키지 등에 인쇄된 모습을 생성해보세요. 완성된 모습을 미리 확인할 수 있습니다.

> 나노바나나/씨드림

A printed logo on textured white paper, with a debossed effect. The logo and text appear pressed into the paper surface, creating subtle shadows inside the grooves. The surface around remains flat and unraised, no embossed or raised parts. High-resolution, realistic print finish.

••• 질감이 있는 흰색 종이에 인쇄된 로고에 디보싱 효과가 있음. 로고와 텍스트가 종이 표면에 눌러서 홈 안쪽에 미묘한 그림자가 만들어집니다. 주변 표면은 평평하고 돌출되지 않은 상태로 유지되며 엠보싱이나 돌출된 부분이 없습니다. 고해상도의 사실적인 인쇄 마감.

After

미친 활용 21 — 이게 되네?

조명 방향 자유자재로 다루기

예제 파일 21_before.png
완성 파일 21_after.png, 21_after_2.mp4

왼쪽의 조명을 오른쪽으로, 오른쪽의 조명을 왼쪽으로 등 조명의 방향을 프롬프트로 자유롭게 바꿔 봅시다.

미드저니

> Side view of a 30-year-old Korean beauty influencer, neat low knot hairstyle, wearing a ivory Silk sleeveless top, looking directly at the camera in a clean beauty editorial. Crisp catch-eye, Glowing eyes, Shot in front of a hot pink background, with a sharp white spotlight partially illuminating her face, while the rest is cast in soft shadow. Light make-up, pure and innocent look. Overall style is fresh, elegant, and delicate beauty editorial. Mid-tone shadows --no Faces with make-up, light pink background, jewelry, accessories, Highburn Hair, wet hair, wind, Deep black shadows, orange background --ar 2:3 --exp 15 --raw

Before

💬 30세 한국 뷰티 인플루언서의 옆모습, 깔끔한 로우 매듭 헤어스타일, 아이보리 실크 민소매 상의를 입고 깔끔한 뷰티 에디토리얼에서 카메라를 정면으로 바라보고 있습니다. 선명한 캐치 아이, 빛나는 눈빛, 핫 핑크 배경 앞에서 촬영한 사진으로 선명한 흰색 스포트라이트가 얼굴을 부분적으로 비추고 나머지는 부드러운 그림자로 드리워져 있습니다. 가벼운 메이크업, 순수하고 청순한 표정. 전체적인 스타일은 신선하고 우아하며 섬세한 뷰티 에디토리얼입니다. 미드 톤 그림자 --no 화장한 얼굴, 밝은 분홍색 배경, 주얼리, 액세서리, 하이 번 헤어, 젖은 머리, 바람, 딥 블랙 그림자, 주황색 배경 --ar 2:3 --exp 15 --raw

> **NOTE** 한글로 프롬프트를 작성하면 보다 '한국 스럽게' 이미지가 생성됩니다.

사진 촬영 시 가장 중요한 요소 중 하나가 바로 '조명'입니다. 이미지를 처음 생성할 때 조명 방향을 미리 설정하여 생성하면 더 효과적이며, 이미 생성된 이미지의 조명도 자유롭게 바꾸어 특별한 분위기를 연출할 수 있습니다.

나노바나나/씨드림

Change the left side of the face to be well lit and the right side of the face to be in dark shadow, move the wall shadow to be on the right side of the figure, and change the position of the wall shadow to the right.

••• 얼굴의 왼쪽에 조명이 밝게 비추고, 오른쪽 얼굴은 어두운 그림자가 지게 변경, 벽면 그림자는 인물의 오른쪽에 지게 이동, 벽면 그림자 위치를 오른쪽으로 변경.

After

쌩초보 꿀팁 리라이팅 사진을 자연스러운 영상으로 만들어보세요!

조명의 방향이 다른 이미지 2장을 가지고 영상 생성 AI에 Start Frame-End Frame으로 첨부해보세요. 두 이미지가 자연스럽게 연결되며 고급스럽고 전문적인 영상이 생성됩니다.

미친 활용 22

보케, 그림자 추가한 아날로그 감성 사진 만들기

예제 파일 22_before.png
완성 파일 22_after.png

빛 보케는 빛이 동그랗게 뭉쳐 빛 망울처럼 보이는 것을 말합니다. 빈티지한 사진이나 필름 그레인 효과가 들어간 사진에 사용하면 더욱 그 감성이 살아납니다.

미드저니

A double exposure photograph of two people, one wearing an asian floral dress and the other holding flowers in front of their face, with blue sky visible through the glass behind them. The scene is captured from below using analog film cameras and film photography techniques, giving it a nostalgic feel. This photo was taken in the style of Iwan Baan during golden hour in Shanghai, China. It features a dreamy atmosphere and rich colors. shot on a hasselblad medium format camera, with portra pro lut color grading. --ar 1:1

💬 한 명은 아시안 플로럴 드레스를 입고 다른 한 명은 얼굴 앞에 꽃을 들고 있는 두 사람의 이중 노출 사진, 뒤쪽 유리 사이로 푸른 하늘이 보인다. 아날로그 필름 카메라와 필름 사진 기법을 사용하여 아래에서 촬영한 장면으로, 향수를 불러 일으키는 느낌을 준다. 중국 상하이의 골든 아워 동안 이완 반 스타일로 촬영. 몽환적인 분위기와 풍부한 색감이 특징. Hasselblad 중형 카메라로 촬영하고 포트라 프로 루트 색상 등급으로 보정. --ar 1:1

Before

이번 실습에서는 사진에 아련한 아날로그 감성을 불어넣는 방법을 배웁니다. 특히 빛이 번져 퍼지는 듯한 '빛 보케' 효과를 활용하여 사진의 분위기를 따뜻하고 서정적으로 표현할 수 있습니다.

나노바나나/씨드림

Add a soft, subtle bokeh effect of irregularly sized and positioned light for a softer touch.

💬 불규칙한 크기와 위치의 빛 보케 효과를 연하고 은은한 감성으로 살짝 추가.

밋밋하거나 다소 딱딱해보이는 사진에 사용하면 따뜻한 분위기를 연출할 수 있습니다.

모션 블러 효과로 생동감 불어넣기

예제 파일 23_before.png, 23_before_2.png
완성 파일 23_after_1.jpeg, 23_after_2.jpeg

빠르게 움직이는 개체가 포함된 이미지를 준비합니다. 움직임이 잘 드러나는 사진이면 좋습니다.

> Several Koreans are sitting on laptops, smile, talking to each other, enjoying, sitting in a Puffy beanbag chair or office chair, communication, Crescent moon and stars outside the window night sky, instructors and students. A sign with the letters "24H" written on it. --ar 2:3 --raw --sref 3064178993 --stylize 150

••• 퍼피 빈백 의자나 사무실 의자에 앉아 노트북을 보며 웃으며 즐겁게 대화하는 여러 명의 한국인, 창밖 밤하늘의 초승달과 별, 강사와 학생들. "24H"라는 글자가 적힌 표지판. --ar 2:3 --raw --sref 3064178993 --stylize 150

Before

모션 블러 효과를 추가하면 개체의 잔상이 남은 듯한 느낌을 주어 속도감과 생동감을 극대화할 수 있습니다. 이 효과는 정적인 사진에는 생동감과 속도감을 더해주고 이미 움직임이 있는 장면에는 더욱 강렬한 속도감을 부여합니다. 특히 스포츠 장면, 차량 이동 컷, 인물의 동작이 강조된 장면 등에 활용하면, 시각적인 임팩트를 극대화할 수 있습니다.

나노바나나/씨드림

Multiple motion blur around **people**, irregular blur on **people**, irregularly curved light beams, light bokeh here and there, slow shutter speed.

··· **사람** 주변에 여러 개의 모션 블러 잔상, **사람들**에 불규칙한 흐림 효과 추가, 불규칙한 곡선의 광선, 여기저기에 빛 보케 추가, 느린 셔터 스피드.

After

빠른 물체에 모션 블러와 느린 셔터 스피드 효과만 추가하면 속도감이 강조됩니다

미친 활용 24

기업 행사 홍보물에 넣을 일러스트 만들기

예제 파일 24_before_1.jpeg, 24_before_2.png, 24_before_3.png
완성 파일 24_after_1.png, 24_after_2.png

먼저 행사를 개최할 기업의 건물 사진을 준비합니다. 그리고 웹에서 아이소메트릭 스타일의 이미지를 검색한 후, 원하는 이미지를 저장합니다. 다음 프롬프트를 입력하면서 건물 사진을 1번, 아이소메트릭 이미지를 2번으로 첨부하세요.

> 소라
> 1번의 건물을 2번의 아이소메트릭 스타일로 바꿔줘. 건물 상단에 'GOLDEN'이라고 써져 있는, 강사가 여기저기 서있고 많은 사람들이 노트북을 하거나 푹신한 빈백 의자에서 쉬고 있거나 토론을 하는 모습. 배경은 날씨 좋은 낮 풍경. 건물 주변 큰 나무.

Before

 +

AI가 우리 회사 건물을 귀여운 아이소메트릭으로 재미나게 바꿔주었네요. 그런데 행사가 낮에 열리지만 밤에 끝날 수도 있겠죠. 같은 스타일에 분위기만 살짝 바꾼 일러스트가 필요해질 겁니다.

> **NOTE** 원하는 대로 결과물이 잘 나오지 않으면 다시 시도하거나 다른 방향으로 만들어달라고 말해보세요.

이번 실습에서는 이 사진을 다양한 스타일로 변환하여, 포스터나 브로셔 등 홍보물에 활용할 수 있는 감각적인 이미지로 만들어봅니다. 단순히 건물 사진을 그대로 사용하는 대신, 일러스트 등 여러 스타일로 변환하면 디자인이 훨씬 부드럽고 친근해집니다. 이 과정을 통해 홍보물에 개성을 더하고, 시각적으로 완성도 높은 디자인을 완성할 수 있습니다.

> **나노바나나/씨드림**
>
> **Moonlit night over a city.** A deep blue canvas of sky is painted with starlight and a single, luminous moon. Building rooftops are outlined in soft, glowing lights.
>
> 밤 풍경으로 변경, 남색 하늘, 흰 구름 대신 별과 달로 교체, 건물 옥상에 조명 장식을 추가

"할로윈 분위기를 더해줘"

쌩초보 꿀팁 쌩초 작가의 작업물을 확인하세요!

밤새도록 교육, 과제, 네트워킹, 시상식 등을 하는 AI 해커톤 홍보용 무빙 포스터를 제작했습니다. 이미지만 봐도 낮부터 밤까지 함께 한다는 것을 알 수 있도록 타임랩스 영상을 만들어 활용했습니다.

이게 되네?

PART 02

사진과 그림의 경계 넘나들기

`일러스트 스타일 바꾸기` `3D 렌더링 이미지`
`배경 확장` `일러스트 가공` `3D 블렌더 스타일`
`2D 웹툰 스타일`

▲ 일러스트 이미지에 컬러 칩 색감 적용하기

여기서 공부할 내용

사진을 그림이나 아트 스타일로 바꾸는 AI 기술은 표현 방식을 새롭게 전환해야 할 때 유용합니다. 제품 사진을 수채화나 팝아트로 변환해 광고 캠페인에 활용하거나, 여행 사진을 일러스트처럼 바꿔 SNS에 올리면 더욱 감각적인 분위기를 낼 수 있습니다. 또한 가족 사진을 캐릭터풍으로 변환해 굿즈를 만들면 특별한 의미를 더할 수 있습니다. 차별화된 무드 연출과 창의적인 콘텐츠 제작, 나만의 결과물을 얻는 데 큰 도움이 됩니다.

▲ 인테리어 스케치 도면을 3D 렌더링 이미지로 바꾸기

▲ 매장 사진을 3D 아이소메트릭 스타일로 바꾸기

▲ 인물 사진을 2D 웹툰이나 3D 블렌더 스타일로 바꾸기

▲ 인물 사진 분위기 바꾸기

인테리어 스케치 도면을 3D 렌더링 이미지로 바꾸기

이게 되네?
미친 활용 25

예제 파일 25_before.png
완성 파일 25_after_1.png, 25_after_2.mp4

렌더링 이미지를 만들려면 먼저 공간의 구조와 배치가 담긴 스케치 이미지를 준비해야 합니다. 이 스케치가 AI가 공간을 해석해 3D로 구현하는 기반이 되어, 현실감 있는 결과물을 얻을 수 있습니다. 준비되지 않았다면 예제 파일을 사용하세요.

Before

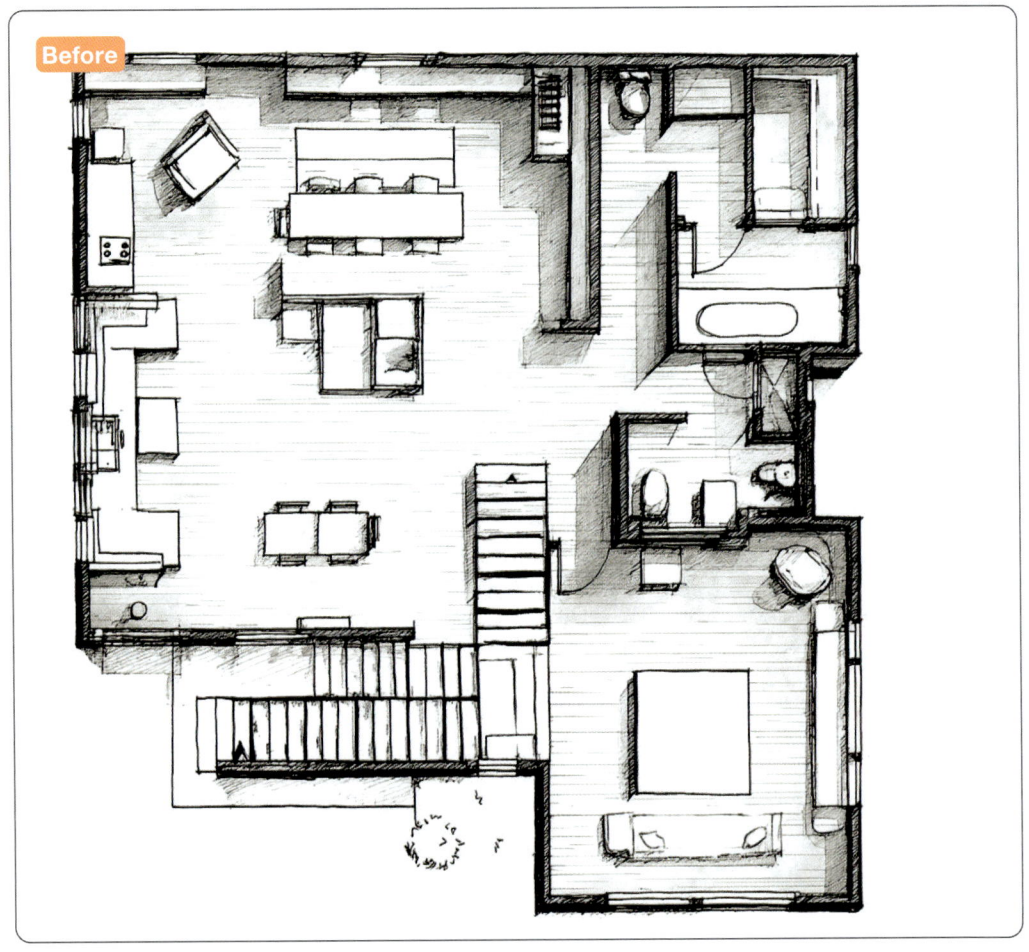

인테리어 스케치 도면을 3D 렌더링하면 단순 선으로만 표현된 평면 도면이 실제 공간처럼 재질감과 색감을 갖추게 되고, 설계 의도를 직관적으로 전달할 수 있습니다. 덕분에 고객과의 소통이 원활해지고 설득력 있는 제안과 사전 문제 파악에도 큰 도움이 됩니다.

> 나노바나나/씨드림

Change to a three-dimensional 3D rendered image and add color.

- 입체적인 3D 렌더링 이미지로 변경, 컬러 추가.

가구나 바닥의 재질, 색상도 다양하게 바꿔보세요

 **쌩초보 꿀팁** 스케치 도면이 3D 렌더링되는 영상을 만들어보세요!

비포 이미지가 애프터 이미지로 바뀌는 영상을 만들어 생동감을 더해보세요. 흑백 스케치에 채색이 되고, 3D 렌더링 이미지로 바뀌면서 가구가 채워지는 영상입니다.

이게되네?
미친 활용 26

매장 사진을 3D 아이소메트릭 스타일로 바꾸기

예제 파일 26_before.jpg
완성 파일 26_after_1.jpg, 26_after_2.jpg

매장의 전체 형태가 잘 보이는 각도에서 촬영한 사진을 준비하는 것이 좋습니다. 간판이나 외벽 디자인이 선명하게 담길수록 변환된 이미지가 브랜드 아이덴티티를 더욱 효과적으로 드러낼 수 있습니다.

Before

나노바나나/씨드림

Change to a three-dimensional, simple **3D isometric style**.

••• 입체적이고 단순한 **3D 아이소메트릭 스타일**로 변경.

매장 사진을 3D 아이소메트릭으로 바꾸는 작업은 기존 사진만으로는 낼 수 없는 독특한 비주얼을 얻을 수 있어 콘텐츠 제작에 효과적입니다. 브랜드의 SNS나 프로모션 자료에서 차별화된 이미지를 활용하면 매장 자체가 하나의 디자인 요소로 변해 더 큰 주목을 받을 수 있습니다.

After

미니어처 스타일로 요청했더니 귀여운 느낌으로 바뀌었습니다

이게 되네? 미친 활용 27

인물 사진을 2D 웹툰이나 3D 블렌더 스타일로 바꾸기

예제 파일 27_before.png
완성 파일 27_after_1.png, 27_after_2.png, 27_after_3.png, 27_after_4.mp4

표정이나 포즈가 잘 드러나는 고화질 사진을 준비하세요.

나노바나나

A young woman at an amusement park, holding and eating a colorful ice cream cone with two scoops(vanilla and strawberry). She wears a light blue floral dress with short sleeves. The background shows a ferris wheel, carousel, and pastel carnival rides under a clear blue sky. Bright and cheerful atmosphere, photorealistic style, 4K detail.

... 놀이공원에서 아이스크림 콘(바닐라와 딸기 2스쿱)을 들고 먹고 있는 젊은 여성. 짧은 소매의 하늘색 꽃무늬 원피스를 입고 있다. 배경에는 관람차, 회전목마, 파스텔톤의 놀이기구들이 보이고 맑은 파란 하늘이 펼쳐져 있다. 밝고 즐거운 분위기, 극사실주의 사진 스타일, 4K 디테일.

Before

인물 사진을 2D 웹툰이나 3D 블렌더 스타일로 바꾸면 평범한 사진이 웹툰 주인공이나 애니메이션 캐릭터처럼 변신해 개성 있는 콘텐츠를 만들 수 있습니다. 이렇게 변환된 이미지는 SNS 프로필, 홍보용 캐릭터, 브랜드 캠페인 이미지 등 다양한 콘텐츠에 활용할 수 있으며, 개성과 창의성을 동시에 살릴 수 있습니다.

> 나노바나나/씨드림

❶ c4d cartoon character style, front view, big eyes and full body 3D character style, Change the entire person, except for the background, to an animated character.

💬 c4d 만화 캐릭터 스타일, 정면 모습, 큰 눈 및 전신 3D 캐릭터 스타일, 배경을 제외한 전체 사람을 애니메이션 캐릭터로 변경.

❷ Change to webtoon style, change side view, change pose.

💬 웹툰 스타일로 변경, 옆 모습, 포즈 변경.

After

🤖 **쌩초보 꿀팁** 인물이 만화 캐릭터가 되는 영상을 만들어보세요!

인물이 만화 속으로 들어가 움직이는 영상입니다. 반대로 만화 속 주인공이 실제 인물이 되어 움직이는 영상도 만들어볼 수 있겠죠. 진정한 사진과 그림의 경계를 넘나드는 기분을 느껴보세요.

아웃페인팅으로 배경 확장하기

예제 파일 28_before.jpg
완성 파일 28_after.png

원본 사진이 충분히 선명하고 주요 피사체가 중앙에 배치되어 있는 것이 좋습니다.

> **미드저니**
>
> A vibrant amusement park on a sunny day, featuring a large Ferris wheel, a colorful roller coaster filled with riders, and a vintage carousel with white horses. Crowds of people, families, and children walk around, some buying cotton candy and snacks at food stalls. The atmosphere is lively, cheerful, and full of energy, with bright colors, clear blue sky, and festive decorations.

••• 맑은 날의 활기찬 놀이공원, 커다란 대관람차와 탑승객들로 가득한 알록달록한 롤러코스터, 흰 말이 달린 빈티지 회전목마가 함께 있는 장면. 가족과 아이들을 포함한 많은 사람들이 걷고 있으며, 솜사탕과 간식을 사는 모습도 보임. 밝고 명랑하며 에너지가 가득한 분위기로, 선명한 색감과 푸른 하늘, 축제 같은 장식이 특징.

Before

AI로 사진의 배경을 확장하는 작업은 원래 사진의 구도를 해치지 않으면서도 더 넓고 풍성한 장면을 만들 수 있다는 점이 가장 큰 장점입니다. 특히 글귀를 넣어야 하는 광고나 홍보용 이미지처럼 여백이 필요한 경우에 유용합니다.

> 나노바나나/씨드림
>
> Zoom out to expand the background in all directions.
>
> 💬 줌 아웃하여 배경을 사방으로 확장.

After

> **NOTE** Zoom out(줌 아웃)은 카메라 렌즈를 당겨 피사체를 확대해 가까이 보이게 하는 촬영 기법입니다. Zoom in(줌 인)은 렌즈를 풀어 시야를 넓혀 멀어 보이게 하는 촬영 기법입니다. 이와 같은 용어를 활용하여 프롬프트를 작성해보세요.

실사 배경에 2D 캐릭터 합성하기

미친 활용 29

예제 파일 29_before_1.jpg, 29_before_2.png
완성 파일 29_after.png

배경 사진과 캐릭터 일러스트의 구도가 맞는 것이 좋습니다. 해상도가 높고 배경이 선명한 사진을 1번, 선이 깨끗하고 채색이 명확한 캐릭터 이미지를 2번으로 준비하세요.

> **미드저니**
>
> full body shot of A woman with long flowing dark hair, wearing a white shirt and a pink plaid skirt with a matching pink tie. She is carrying a shoulder bag and smiling softly with rosy cheeks. The background shows a blue sky with clouds and an amusement park, Ferris wheels and rides in the distance

긴 머리의 여성이 흰 셔츠와 분홍색 체크무늬 스커트, 같은 무늬의 넥타이를 착용하고 있음. 어깨 가방을 메고 있으며 홍조가 오른 얼굴로 부드럽게 미소 짓고 있음. 배경에는 파란 하늘과 구름, 멀리 보이는 대관람차와 놀이기구.

Before

합성하고 싶은 배경 이미지를 준비하세요

본인이 직접 그린 캐릭터 이미지를 넣으면 더 재밌습니다

실사 배경과 캐릭터 이미지를 합치는 작업은 현실과 상상이 동시에 담긴 독특한 비주얼을 만들 수 있다는 점에서 매력적입니다. 사진만으로는 줄 수 없는 생동감과 캐릭터만으로는 표현하기 어려운 현실감을 결합해, 팬아트, 브랜딩, 홍보 콘텐츠 등에서 시선을 끄는 강력한 무기가 됩니다.

나노바나나/씨드림

> Seamlessly blending image 2 animated characters into image 1 live-action image. Characters that blend into the background.

실사 이미지 1에 애니메이션 이미지 2의 캐릭터를 자연스럽게 합성. 배경 속에 잘 어우러지는 캐릭터.

After

미친 활용 30 — 캐릭터 그림 하나만으로 네 컷 웹툰 만들기

예제 파일 30_before.png
완성 파일 30_after_1.png, 30_after_2.png, 30_after_3.mp4

캐릭터의 전신이 잘 나온 이미지를 준비해야 합니다. 여기서는 **미친 활용 29**에서 만든 이미지를 사용하겠습니다.

Before

원본 캐릭터 일러스트와 간략한 스토리 요약을 준비해주세요. 이 두 요소를 기반으로 컷을 나누고 대사를 배치하여 자연스럽게 연결되는 웹툰 형식의 콘텐츠로 완성합니다.

> 나노바나나/씨드림
>
> Draw a 4-panel webcomic of this character walking down the street and getting excited when he meets his dream girl. Maximise emotions and facial expressions, use different shot sizes and angles.
>
> 이 캐릭터가 길을 걷다가 이상형을 만나 설레는 장면을 4칸으로 구성된 웹툰으로 그려줘. 감정 표현과 표정을 극대화, 다양한 샷 사이즈와 앵글.

한 장의 그림을 활용해 이야기가 담긴 콘텐츠로 확장할 수 있습니다. 기존의 캐릭터 일러스트를 그대로 사용하면서 컷 구성과 대사만 더해도, 새로운 스토리텔링 도구로 재탄생시킬 수 있습니다. 이렇게 만들어진 결과물은 웹툰, 광고, SNS 콘텐츠 등에서 캐릭터의 매력을 극대화하며, 브랜드나 개인 창작물의 세계관을 보다 풍부하게 표현할 수 있습니다.

말풍선 속 대사도 지정할 수 있으나, 글자가 잘 구현되지 않을 수 있습니다. 미리캔버스, 포토샵 등 이미지 편집 툴로 수정하거나 말풍선을 추가하여 사용하면 좋습니다.

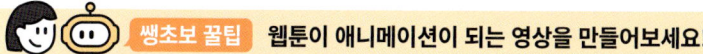 **웹툰이 애니메이션이 되는 영상을 만들어보세요!**

이렇게 만든 웹툰 컷 이미지를 애니메이션 숏폼 영상으로 만들어 생동감을 더해보세요. 배경 아웃페인팅 확장은 물론, 웹툰의 맥락을 이해하고 캐릭터의 움직임까지 알아서 캐치해줍니다. 이 영상은 소라로 만들었습니다.

미친 활용 31 — 이게 되네?
일러스트에 컬러 칩 색감 적용하기

예제 파일 31_before_1.png, 31_before_2.png
완성 파일 31_after.png

색감을 바꾸고자 하는 일러스트 이미지를 1번, 컬러 칩(컬러 팔레트) 이미지를 2번으로 준비하세요. 꼭 컬러 칩이 아니더라도 원하는 색감이 담긴 다른 이미지를 참고 이미지로 넣어 활용할 수도 있습니다.

> **미드저니**
>
> Flat vector style illustrations, A colorful modern living room interior with a teal sofa decorated with patterned pillows, an orange armchair, and a yellow patterned rug. A glass coffee table with a small cactus plant sits in the center. On the wall are several framed artworks in bright colors, and a tall cactus plant in a red pot is placed in the corner. Sunlight streams in through blinds on the left, casting soft shadows on the wall.
>
> 💬 플랫 벡터 스타일의 일러스트, 패턴 베개, 주황색 안락의자, 노란색 패턴 러그로 장식된 청록색 소파가 있는 다채로운 현대 거실 인테리어. 중앙에는 작은 선인장 화분이 놓인 유리 커피 테이블이 놓여 있음. 벽에는 밝은 색상의 액자 작품이 여러 점 걸려 있고, 구석에는 빨간 화분에 담긴 키 큰 선인장 화분이 놓여 있음. 왼쪽의 블라인드를 통해 햇빛이 들어와 벽에 부드러운 그림자를 드리움.

Before

원하는 느낌의 컬러 칩을 준비하세요

#b9e3fc　#799bf4　#133690　#fbe6e3　#f5bad0

컬러 변환을 통해 같은 그림을 여러 분위기로 변주하는 방법을 배웁니다. 이 과정은 웹툰이나 일러스트레이션 작업에서 새로운 연출을 빠르게 시도할 수 있게 해주며, 색감을 조정하는 것만으로도 전혀 다른 장면처럼 활용할 수 있다는 장점이 있습니다.

나노바나나/씨드림

Change the overall colour of image 1 to the color theme of image 2.

... 1번 이미지의 전체 컬러를 2번의 컬러 테마로 변경.

미친 활용 32

스마트폰 케이스 디자인 시안 만들기

예제 파일 32_before.jpg
완성 파일 32_after_1.png, 32_after_2.png

이렇게 만들어진 시안은 폰케이스나 노트북 케이스 업체에 주문제작 시 참고용으로 활용할 수 있습니다.

나노바나나

> The logo is simple and cute with a dog and a cat, the colour is yellow with yellow accents, and the brand name is 'DAENG CHEONG'.

💬 강아지와 고양이가 심플하고 귀엽게 그려진 로고, 색상은 노란색 포인트, 브랜드명은 'DAENG CHEONG'.

Before

AI를 활용해 캐릭터를 스마트폰 케이스 디자인에 적용하는 방법을 알아보겠습니다. 이 과정을 통해 실제 주문 전에 여러 시안을 비교해볼 수 있어 디자인 시행착오를 최소화할 수 있습니다.

나노바나나/씨드림

This **phone case** design features a happy dog and cat sharing a snack at home. No wording. A phone case full of pictures without solid colours.

💬 이 강아지와 고양이가 집에서 간식을 나눠먹으며 행복해 하는 모습이 그려진 폰케이스 디자인. 문구 없음. 단색 없이 그림으로 꽉 찬 **폰케이스**.

같은 방법으로 노트북 케이스도 만들어보세요.

미친 활용 33 | 사진 노이즈 말끔하게 제거하기

예제 파일 33_before.png
완성 파일 33_after.png

오래된 사진이나 노이즈가 많은 사진이 있으면 충분합니다. 노이즈를 자연스럽게 정리해 더 보기 좋은 결과물을 만들어보겠습니다.

> **미드저니**
>
> Boy and girl. --ar 3:2 --raw --profile 8pmd4j3 2jr6rkm --stylize 300
>
> ··· 소년과 소녀. --ar 3:2 --raw --profile 8pmd4j3 2jr6rkm --stylize 300

Before

AI로 사진의 노이즈를 제거하는 것은 전문적인 용도뿐 아니라 일상 속에서도 활용 가치가 높습니다. 어두운 곳에서 찍은 가족 사진이나 여행지에서 찍은 야경처럼 흔히 노이즈가 많이 생기는 사진도 간단한 보정만으로 훨씬 선명하고 보기 좋게 만들 수 있습니다. 소중한 추억 사진을 더 오래 깨끗하게 간직해보세요.

나노바나나/씨드림

Remove noise and scratches for a clean, high-resolution photo. Improve the visibility and clarity of people's faces, removing vintage noise and dirt for a modern photo. Make edges and boundaries of people and objects super sharp without blurring.

노이즈와 스크래치를 제거하여 깔끔한 고해상 사진으로 바꾸기. 인물의 얼굴이 잘 보이고 선명하게 개선, 빈티지한 노이즈와 먼지를 제거하여 현대적인 사진으로 변경. 인물 및 개체의 가장자리와 경계선을 흐릿함 없이 매우 또렷하게 변경.

After

미친 활용 34

인물 사진 분위기 바꾸기

예제 파일 34_before_1.png, 34_before_2.png
완성 파일 34_after.png

원본 인물 사진과, 색감과 조명 스타일이 잘 드러난 레퍼런스 이미지를 준비하세요.

> **미드저니**
>
> A 23-year-old male supermodel from Spain, front view, featured in dior fashion, light stubble beard, prada fashion magazine. --no low angle, blond hair, black and white photo, side view, Hair covering the face, close up face --ar 3:4 --exp 10 --raw --stylize 150
>
> ••• 스페인 출신의 23세 남성 슈퍼 모델, 정면 보기, 디올 패션에 등장, 가벼운 수염, 프라다 패션 잡지. --no 로우 앵글, 금발 머리, 흑백 사진, 측면 보기, 얼굴을 덮고 있는 머리카락, 클로즈업 얼굴 --ar 3:4 --exp 10 --raw --stylize 150

Before

색감 레퍼런스를 준비하세요

이번 실습에서는 기존 인물 사진에 다른 사진의 조명과 색감, 분위기를 입혀 새로운 이미지를 만들어봅니다. 이 과정을 통해 실제로 촬영하지 않아도 차갑거나 드라마틱한 무드, 따뜻하고 부드러운 분위기 등 다양한 스타일을 손쉽게 연출할 수 있습니다.

나노바나나/씨드림

> Replace the colours and lighting in photo 1 with the same as in photo 2, but with a slightly darker blue background.

··· 1번 사진의 색상과 조명을 2번 사진과 똑같이 바꾸기, 배경은 살짝 어두운 파란색.

After

미친 활용 35

글 콘티를 영상 스토리보드로 만들기

예제 파일 35_before_1.png, 35_before_2.png, 35_before_3.png
완성 파일 35_after.png

콘티에 등장하는 캐릭터 이미지, 글 콘티 캡쳐 이미지를 준비하세요. 만들어놓은 사각틀 이미지를 첨부하면 더 정확한 종횡비의 스토리보드가 생성됩니다.

> **NOTE** 스토리보드 기획을 할 때에는 꼭 필요한 장면만 만들되, 전체적인 흐름이 자연스럽도록 구상합니다. 각 장면에서 어떤 점을 가장 강조할 것인지에 따라 샷 사이즈(클로즈업/풀샷/미디엄 샷 등)와 앵글(하이 앵글/로우 앵글 등)을 다양하게 넣어야 지루하지 않습니다.

영상의 글 콘티를 스토리보드로 만들어봅시다. 이렇게 하면 머릿속 아이디어를 빠르게 시각화할 수 있어 기획 단계에서 매우 유용합니다. 팀원, 클라이언트와 소통이 쉬워지고, 촬영 전 구도와 분위기를 미리 점검할 수 있습니다. 손으로 직접 그리지 않아도 돼 시간을 절약할 수 있습니다.

나노바나나/씨드림

@img3: 9:16 aspect ratio, vertical format, 4 panels. Draw 4 black-and-white hand-drawn illustrations for the 4 contents of @img2. Total of 4 split storyboard images; each panel is vertically elongated, not horizontally. The protagonist is the anthropomorphised Bichon Frise puppy from @img1. The protagonist wears a simple knit, while the bulldog boss wears a simple collared T-shirt. Scene 1: Close-up of a modern office telephone only. Scene 2: Medium side view of the Bichon. Scene 3: Close-up of the Bichon's facial expression. Scene 4: The bulldog standing amongst people working in the office.

@img3의 9:16 종횡비 세로형 4칸에 @img2의 4가지 내용을 각각 흑백 손그림을 그려줘. 총 4컷 분할 스토리보드 이미지, 각 칸은 가로가 긴 형태가 아니라 세로가 긴 형태이다. 주인공은 @img1의 의인화된 비숑 강아지. 주인공은 심플한 니트를 입고 있고, 불독 상사는 심플한 카라 티셔츠를 입고 있음. 1번 씬은 현대적인 사무실 전화기만 클로즈업, 2번 씬은 비숑 미디엄 사이드뷰, 3번 씬은 비숑 얼굴 표정 클로즈업, 4번씬은 사무실에서 일하는 사람들 사이에 서 있는 불독.

쌩초보 꿀팁 쌩초 작가의 작업물을 확인하세요!

회사원 강아지를 주인공으로 한 치킨 가상 광고입니다. 사람 같은 면모와 강아지다운 매력을 동시에 담아내, 엉뚱하면서도 사랑스럽게 표현했습니다.

미친 활용 36

캐릭터 시트 만들고 스토리 콘텐츠 제작하기

예제 파일 36_before.jpg
완성 파일 36_before_1.png, 36_after_2.mp4

캐릭터가 등장할 장소와 분위기를 구체적으로 정하면 일관성 있는 결과를 얻을 수 있습니다.

> 나노바나나
>
> Girl in Peach Mask character sheet. Front, side, and back views.
>
> 💬 복숭아 탈을 쓴 소녀 캐릭터 시트. 앞모습, 옆모습, 뒷모습.

Before

FRONT SIDE BACK

> 나노바나나/씨드림
>
> Draw a four-panel cartoon of this peach character making peach jam. Start with her picking peaches and end with her happily spreading peach jam on bread and eating it. No speech bubbles. Warm mood.
>
> 💬 이 복숭아 캐릭터가 복숭아 잼을 만드는 과정을 4컷 만화로 그려줘. 복숭아를 따는 것부터 시작해서 복숭아 잼을 빵에 발라 먹으며 행복해하는 모습으로 마무리. 말풍선 없음. 따뜻한 분위기.

캐릭터 시트Character Sheet란 캐릭터의 외형과 특징을 한눈에 정리해놓은 설정 자료를 말합니다. 주로 만화, 애니메이션, 게임, 동화 제작에서 사용되며, 캐릭터가 여러 장면과 상황에 등장하더라도 일관된 모습을 유지할 수 있도록 가이드 역할을 합니다. 캐릭터 시트를 가지고 이야기를 만들어봅시다.

 **쌩초보 꿀팁** 만화를 영상으로 만들어보세요!

9:16, 16:9 종횡비로 생성한 이미지를 Sora에 첨부하고 프롬프트 칸에 스토리를 작성해보세요. 고퀄리티의 웹툰 영상이 만들어집니다. 완성된 영상은 독자 제공 자료의 mp4 파일을 확인해보세요.

- **Sora 홈페이지** : sora.chatgpt.com/drafts

캐릭터의 다양한 표정 만들기

미친 활용 37

예제 파일 37_before.png
완성 파일 37_after.png

캐릭터의 기본 외형이 통일되도록 시트나 레퍼런스를 준비하고, 표현하고자 하는 감정이나 상황을 구체적으로 설정해야 합니다. 여기서는 **미친 활용 36**에서 만든 이미지를 사용 하겠습니다.

Before

캐릭터의 다양한 표정과 감정을 만들어 캐릭터의 성격과 분위기를 풍부하게 표현하고, 만화나 동화에 바로 활용할 수 있는 일관된 이미지를 확보해봅시다. AI로 제작하면 여러 상황에 맞는 장면을 빠르게 제작할 수 있다는 장점이 있습니다.

웃음, 울음, 화남 등 감정별 키워드를 프롬프트에 명확히 기입하는 것이 좋습니다.

나노바나나/씨드림

Make this character happy, angry, upset, tormented, sad, etc.

이 캐릭터가 행복한 모습, 화난 모습, 토라진 모습, 슬픈 모습을 모두 만들어줘.

이게되네?

PART 03

포토샵 없이 인물 사진 '뽀샵'하기

`합성` `메이크업` `피부 보정`
`리라이팅` `앵글 전환` `포즈 변경`

▲ 아웃포커싱으로 인물을 돋보이게 만들기

여기서 공부할 내용

포토샵 같은 복잡한 툴을 다루지 않아도 이제는 누구나 손쉽게 인물 사진을 보정할 수 있습니다. 표정이나 포즈를 바꾸고, 피부 톤을 매끄럽게 하며, 메이크업까지 자연스럽게 연출해봅시다. 각도를 바꾸거나 헤어스타일을 수정하는 것도 클릭 몇 번이면 가능해집니다. 일상 사진부터 프로필, 전문 촬영 컷까지 간편하게 '뽀샵'하는 방법을 알려드립니다.

▲ 자연스러운 민낯 연출하기

▲ 두 인물 사진을 한 컷에 합성하기

▲ 결점 없는 완벽한 피부 보정 완성하기

▲ 메이크업 사진을 클로즈업 발색샷으로 만들기

인물 사진 헤어스타일 바꾸기

미친 활용 38

예제 파일 38_before.png
완성 파일 38_after_1.png, 38_after_2.png

원본 이미지에서 얼굴과 헤어 라인이 뚜렷하게 보이는 고화질 사진을 준비해야 합니다. 바꾸고 싶은 헤어스타일의 구체적인 키워드나 참고 이미지를 함께 제공하면 결과가 더 자연스럽게 나옵니다.

미드저니

> Close-up portrait of a young Korean woman with clear skin, natural soft make-up and subtle peachy lips. A few strands of her neatly tied black hair fall down her face, as she gazes into the camera with a calm and elegant expression. Pose with one hand touching her cheek and the other elegantly positioned near her lips. Wearing a sleeveless white off-the-shoulder outfit, minimalist and modern. Background is a clean light grey tone. Soft studio lighting, high-end beauty photography style, sophisticated and classy atmosphere. --ar 3:4 --raw

💬 깨끗한 피부와 자연스러운 소프트 메이크업, 은은한 복숭아빛 립을 한 젊은 한국 여성의 클로즈업 초상화. 단정하게 묶은 검은 머리에서 몇 가닥이 얼굴을 따라 흘러내리고, 차분하고 우아한 표정으로 카메라를 응시함. 한 손은 뺨에 닿고 다른 손은 입술 근처에 우아하게 위치한 포즈. 소매 없는 화이트 오프숄더 의상을 입고 있으며 미니멀하고 현대적인 느낌. 배경은 깨끗한 연한 그레이 톤. 부드러운 스튜디오 조명, 하이엔드 뷰티 포토그래피 스타일, 세련되고 고급스러운 분위기. --ar 3:4 --raw

Before

인물의 헤어를 단정하게 만들거나 다른 헤어스타일로 바꾸는 것은 프로필과 화보 사진에서 활용도가 높습니다. 또 다양한 헤어스타일을 가상으로 시도해 실제 스타일링 전 미리 콘셉트를 확인할 수 있습니다. 무엇보다 동일한 사진을 여러 분위기로 변환할 수 있어 촬영 비용 및 시간을 절약할 수 있다는 장점이 있습니다.

> 나노바나나/씨드림

Make her unruly hair calm and tidy, change to **prickly bun hair**, remove all hair stuck to your face naturally and neatly, keep your pose intact, shape her hands pretty and naturally.

부스스한 머리를 차분하고 단정하게, **가시 번 헤어**로 변경, 얼굴에 붙어있는 머리를 자연스럽고 깔끔하게 모두 없애기, 포즈 그대로 유지, 손 모양을 예쁘고 자연스럽게.

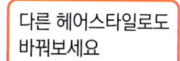
다른 헤어스타일로도 바꿔보세요

미드저니에서 인물을 생성하면 다소 지저분한 헤어 스타일이 생성될 때가 많습니다. 이렇게 헤어 스타일만 바꾸어도 이미지 전체가 깔끔해집니다.

자연스러운 민낯 연출하기

미친 활용 39

예제 파일: 39_before.png
완성 파일: 39_after.png

얼굴 정면이나 측면이 분명하게 나온 사진을 고르면 더욱 자연스럽게 변환됩니다.

> **미드저니**
>
> Sharp, crisp ad photo with dramatic realism, extreme close-up of a 20-something influencer female face wearing black sleeveless tee, black bangs, long hair, long neck, smile. --ar 3:4 --exp 20 --raw --profile s9gqfnk --stylize 50
>
> 극적인 현실감의 또렷하고 선명한 광고 사진, 블랙 슬리브리스 티를 입은 20대 인플루언서 여성 얼굴, 익스트림 클로즈업샷, 검은색 뱅헤어, 긴 머리, 긴 목, 미소. --ar 3:4 --exp 20 --raw --profile s9gqfnk --stylize 50

Before

인물 사진에서 화장을 지우는 작업은 세밀한 보정이 필요해 시간이 많이 걸리지만 AI를 활용하면 훨씬 간단하게 만들 수 있습니다. 프로필 사진처럼 자연스러운 민낯 느낌이 필요할 때, 혹은 뷰티 콘텐츠 제작 과정에서 메이크업 전, 후 비교 이미지를 만들 때 유용합니다.

> 나노바나나/씨드림

Remove all make-up and go bare, remove eyeliner and mascara.

💬 화장을 모두 지우고 민낯으로 바꾸기, 아이라인과 마스카라 지우기.

After

미친 활용 40

두 인물 사진을 한 컷에 합성하기

예제 파일 40_before_1.png, 40_before_2.png
완성 파일 40_after_1.png, 40_after_2.png

얼굴이 잘 보이는 단독 인물 사진이 필요하며, 얼굴 각도와 시선 방향이 서로 어울릴수록 결과가 자연스럽습니다.

> **미드저니**
>
> ❶ A 27-year-old Masculine male supermodel from Korea, front view, A masculine face with distinct features, Unique appearance, featured in dior fashion magazine. --no low angle, blond hair, black and white photo, side view, Hair covering the face --ar 3:4 --exp 5 --raw
>
> 💬 27세 한국 출신 남성 슈퍼모델, 정면 보기, 이목구비가 뚜렷한 남성적인 얼굴, 디올 패션 매거진에 등장한 독특한 외모. --no 로우 앵글, 금발 머리, 흑백 사진, 측면 보기, 얼굴을 가린 머리카락 --ar 3:4 --exp 5 --raw
>
> ❷ front shot of portrait photo, pretty woman, 20 years old young influencer, simple background, brown hair, front shot, facial close-up, face zoom in. --no Freckles, blemishes, melasma --ar 3:4 --raw
>
> 💬 인물 사진의 전면 샷, 예쁜 여자, 20세의 어린 인플루언서, 단순한 배경, 갈색 머리, 정면 샷, 얼굴 클로즈업, 얼굴 확대. --no 주근깨, 잡티, 기미 --ar 3:4 --raw

Before

❶  ❷

> 얼굴 각도와 시선 방향이 비슷한 사진을 준비하세요.

따로 촬영하지 않아도 두 인물을 한 장의 사진 속에 자연스럽게 합성할 수 있습니다. 커플 사진이나 화보 시안, SNS 콘텐츠처럼 함께 있는 장면이 필요할 때 빠르게 사용할 수 있습니다.

> 나노바나나/씨드림

❶ Social media photo of person 1 and person 2 taken together, close-up of face.

💬 1번과 2번의 인물이 함께 찍은 SNS 사진, 얼굴 클로즈업.

❷ Swap social media photos of person 1 and person 2 taken together, close-ups of their faces, both in trendy outfits.

💬 1번과 2번의 인물이 함께 찍은 SNS 사진, 얼굴 클로즈업, 둘 다 트렌디한 의상으로 바꾸기.

After

> **NOTE** 유명인 사진을 활용해 이미지를 제작할 경우, 실제로 찍은 사진으로 오해받을 수 있으므로 주의가 필요합니다. SNS 등에 업로드하게 될 때는 AI로 생성한 이미지임을 반드시 명시하세요.

> 이게 되네?
> 미친 활용
> 41

결점 없는 완벽한 피부 보정 완성하기

예제 파일 41_before.png
완성 파일 41_after.png

원본 사진은 해상도가 높을수록 세부적인 보정이 깔끔하게 적용됩니다. 피부 톤을 어떻게 개선하면 좋을지, 잡지 화보처럼 피부를 매끄럽게 표현할지 아니면 자연스럽게 표현할지 등 디테일한 수정 사항을 사전에 생각해두어야 원하는 결과물을 얻을 수 있습니다.

미드저니

> Extreme close-up shot of face, attractive female model in her 20s from South Korea, solid white background. --no side view --ar 3:4 --exp 20 --raw --stylize 150

💬 얼굴 익스트림 클로즈업 샷, 한국의 매력적인 20대 여성 모델, 단색 흰 배경. --no 측면 보기 --ar 3:4 --exp 20 --raw --stylize 150

Before

AI로 피부 보정을 하면 잡티나 주름, 번들거리는 부분을 자연스럽게 정리해 인물이 한층 더 건강하고 깔끔하게 보입니다. 전문적인 리터칭 기술이 없어도 단 몇 초 만에 고급 화보처럼 완성할 수 있어 시간과 비용을 크게 절약할 수 있고, 결과물이 과도하게 인위적이지 않으면서도 세련된 인상을 줄 수 있습니다.

나노바나나/씨드림

> Get rid of all freckles and blemishes and replace them with natural skin, leaving pores open so they don't look artificial.

··· 주근깨와 잡티를 모두 없애고 자연스러운 피부로 바꾸기, 인위적이지 않도록 모공은 살리기.

After

미친 활용 42

한 장의 사진으로 다양한 각도 이미지 생성하기
: 옆모습, 뒷모습, 비스듬한 옆모습

예제 파일 42_before.png
완성 파일 42_after_1.png, 42_after_2.png, 42_after_3.png

인물의 생김새가 정확히 보이는 사진이 필요하며, 조명이 일정하게 잡힌 사진일수록 변환 시 왜곡이 적습니다.

> **미드저니**
>
> Extreme close-up of South Korean female idol face in her 20s, brown short wavy hair, lovely smile, subtle blush, permed hair, innocent frilly top. --ar 3:4 --exp 10 --raw

💬 한국의 20대 여성 아이돌 얼굴. 익스트림 클로즈업, 갈색의 짧은 웨이브 헤어, 사랑스러운 미소, 은은한 블러셔, 펌 헤어, 청순한 프릴 상의. --ar 3:4 --exp 10 --raw

Before

실제로 촬영하지 않은 측면, 반측면, 뒷모습 사진 등을 생성하면, 추가 촬영 없이도 여러 각도의 이미지를 확보할 수 있습니다. 프로필 컷, 캐릭터 디자인, 3D 모델링 레퍼런스 제작, 화보나 광고 시안 등에서 다양한 각도를 미리 준비해보세요.

> 나노바나나/씨드림

❶ Turn this woman into **an oblique side view.**

💬 이 여성을 **비스듬한 옆모습**으로 바꿔줘.

❷ Turn this woman into **a side view.**

💬 이 여성을 **옆모습**으로 바꿔줘.

❸ Turn this woman into **a full back view.**

💬 이 여성을 완전한 **뒷모습**으로 바꿔줘.

After

미친 활용 43

한 장의 사진으로 다양한 각도 이미지 생성하기
: 하이 앵글, 로우 앵글

예제 파일 43_before.png
완성 파일 43_after_1.png, 43_after_2.png

인물의 생김새가 정확히 보이는 사진이 필요하며, 조명이 일정하게 잡힌 사진일수록 변환 시 왜곡이 적습니다.

> **미드저니**
>
> Extreme close-up of South Korean female idol face in her 20s, brown short wavy hair, lovely smile, subtle blush, permed hair, innocent frilly top. --ar 3:4 --exp 10 --raw
>
> 한국의 20대 여성 아이돌 얼굴 익스트림 클로즈업, 갈색의 짧은 웨이브 헤어, 사랑스러운 미소, 은은한 블러셔, 펌 헤어, 청순한 프릴 상의. --ar 3:4 --exp 10 --raw

Before

실제로 촬영하지 않은 측면, 반측면, 뒷모습 사진 등을 생성하면, 추가 촬영 없이도 여러 각도의 이미지를 확보할 수 있습니다. 프로필 컷, 캐릭터 디자인, 3D 모델링 레퍼런스 제작, 화보나 광고 시안 등에서 다양한 각도를 미리 준비해보세요.

나노바나나/씨드림

❶ Changed to **an extreme high angle** looking down at the woman, changed to a top view.

••• 위에서 여성을 내려다 본 **익스트림 하이 앵글**로 변경, 탑 뷰로 변경.

❷ Changed to **an extreme low angle** looking up at the woman from below, gaze not meeting the camera.

••• 여성을 아래에서 올려다 본 **익스트림 로우 앵글**로 변경, 카메라를 보지 않는 시선.

After

NOTE 앵글을 바꿀 때에는 카메라를 보지 않도록 하면 더 자연스러운 이미지를 생성할 수 있습니다.

이게 되네? 미친 활용 44

아웃포커싱으로
인물을 돋보이게 만들기

예제 파일 44_before.png
완성 파일 44_after.png

원본 사진에서 피사체와 배경이 어느 정도 분리되어 있어야 효과가 자연스럽게 적용됩니다. 강조하고 싶은 주제와 흐려질 부분을 미리 구체적으로 지정하면 원하는 결과를 얻는 데 도움이 됩니다.

미드저니

> Innocent, feminine, 23-year-old female model, eating ice cream at an amusement park, playful, side profile shot. --ar 5:6 --raw --stylize 80

▶ 청순하고 여성스러운 23살 여성 모델, 놀이공원에서 아이스크림을 먹는, 장난꾸러기, 옆모습 프로필 샷. --ar 5:6 --raw --stylize 80

Before

아웃포커싱 효과를 주면 평범한 사진도 DSLR로 촬영한 듯 깊이감과 입체감이 살아나고, 피사체가 또렷하게 강조되어 시선이 자연스럽게 집중됩니다. 배경의 불필요한 요소가 흐려지면서 사진이 더 깔끔하고 세련되어보입니다. 이는 전문적인 화보나 광고 이미지처럼 고급스러운 인상을 줄 수 있습니다.

나노바나나/씨드림

Make people stand out by strongly out-focusing their backgrounds.

인물 뒷배경을 강하게 아웃포커싱 처리하여 인물이 돋보이게 만들기.

After

> 이게 되네?
> 미친 활용
> **45**

메이크업 사진을
클로즈업 발색샷으로 만들기

예제 파일 45_before.png
완성 파일 45_after.png

실습을 시작하기 전에, 색상이 정확한 발색샷을 위해 반드시 원본 이미지를 직접 촬영해 준비해주세요. AI 생성 이미지에 의존하면 색상이 달라질 위험이 있어 오해나 잘못된 정보 전달로 이어질 수 있습니다. 따라서 원본 사진을 꼭 준비해서, 이를 바탕으로 클로즈업 샷을 만드는 방식을 추천합니다.

미드저니

> Photorealistic dika photo taken with flash. 22-year-old Korean female beauty influencer Slightly tilted extreme close-up, low-set, side-lined, honey-coloured eyes, crab-eyed, lightly coloured coral makeup, light pink shimmer in front of both eyes and on bridge of nose, small sized eyes, glossy coral overlapping makeup, light eyebrows, black hair, cubic earrings, makeup detail shot social media photo. --no 쌍꺼풀, 큰 눈 --ar 3:4 --exp 20 --raw

••• 플래시를 터트려 찍은 사실적인 디카 사진. 22살 한국 여자 뷰티 인플루언서 살짝 기울어진 익스트림 클로즈업, 높이가 낮고 옆으로 긴 홑꺼풀 눈, 게슴츠레 뜬 눈, 은은하고 연한 색의 코랄색 메이크업, 연핑크색으로 살짝 광나는 양 눈 앞쪽과 콧대, 작은 크기의 눈, 글로시 코랄색 오버립 메이크업, 연한 눈썹, 검은색 헤어, 큐빅 귀걸이, 메이크업 디테일 샷 sns 사진. --no 쌍꺼풀, 큰 눈 --ar 3:4 --exp 20 --raw

Before

메이크업 발색 사진을 눈, 피부, 입 등 부위별로 클로즈업하여 재촬영하면 색감이 달라보일 수 있습니다. 하지만 이번 실습에서 배우는 방법을 활용하면 발색 원본 색상을 그대로 유지한 채, 고퀄리티 클로즈업 샷을 만들 수 있습니다.

> 나노바나나/씨드림
>
> Full-face wide shot, extreme close-ups of eyes, lips and skin, split into 4 images, different angles.
>
> 💬 전체 얼굴 와이드 샷, 눈, 입술, 피부를 익스트림 클로즈업해서 4분할 이미지로 만들기, 서로 다른 앵글.

AI가 생성한 발색 이미지는 실제 색상과 차이가 있을 수 있어 소비자에게 잘못된 인상을 줄 위험이 있습니다. 따라서 AI 발색 이미지는 연출용 컷으로만 활용하거나, AI 생성임을 명확히 표시하는 것이 필수입니다. 다시 한 번 강조하지만 원본 사진을 기반으로 클로즈업 샷을 만드는 방식을 적극 권장합니다.

이게 되네?
미친 활용 46

손 모양 자연스럽게 만들기

예제 파일 46_before.png
완성 파일 46_after.png

원본 이미지에서 손이 가려지지 않고 뚜렷하게 보이는 장면을 선택해야 합니다. 손을 모은 자세, 물건을 잡은 모습, 자연스럽게 내려놓은 손 등 레퍼런스를 보며 원하는 손의 동작을 정해놓으면 더 좋습니다.

> **미드저니**
>
> A young Korean woman, natural beauty pose, photorealistic. Background is vivid pink with crumpled, embossed glossy silicone texture, looking like molded plastic. The textured background is positioned "behind the subject only", not wrapping around her. Clean studio lighting, soft highlights and shadows, modern beauty advertisement style. --no brown skin, dark skin --ar 2:3 --raw

💬 젊은 한국 여성, 자연스러운 아름다움 포즈, 사실적인 사진. 배경은 선명한 분홍색으로 구겨지고 엠보싱 처리된 광택 실리콘 질감으로 성형 플라스틱처럼 보입니다. 텍스처 배경은 피사체를 감싸지 않고 "피사체 뒤에만" 배치됩니다. 깔끔한 스튜디오 조명, 부드러운 하이라이트와 그림자, 현대적인 뷰티 광고 스타일. --no 갈색 피부, 어두운 피부 --ar 2:3 --raw

Before

AI가 만든 인물 사진에서는 손 모양이 어색하거나 부자연스럽게 표현되는 경우가 많습니다. 이를 교정하면 사진 전체의 완성도가 크게 높아집니다. 손은 시선을 끄는 중요한 요소라 자연스럽게 수정되면 인물이 훨씬 더 리얼하고 안정적으로 보입니다. 무엇보다 디테일을 다듬는 것만으로도 이미지가 훨씬 세련되고 깔끔하게 완성됩니다.

나노바나나/씨드림

Switching hands and fingers naturally, elegant hand movements.

두 손과 손가락을 자연스럽게 바꾸기, 우아한 손 동작.

After

이게 되네?

PART 04

집에서 스튜디오로, 스타일 변환하기

`잡지` `명화` `동양화`
`유행하는 그림 스타일`

▲ 인테리어 스타일 변경하기

▲ 특별한 순간의 파티 분위기로 연출하기

여기서 공부할 내용

집에서 찍은 평범한 사진도 AI를 통해 화보처럼 멋진 스튜디오 컷으로 변신할 수 있습니다. 잡지나 명화, 동양화 같은 예술적 스타일은 물론 최신 유행하는 그림체까지 자유롭게 적용할 수 있습니다. 복잡한 보정 기술 없이 원하는 무드를 간단히 시도할 수 있어 창작의 폭이 넓어집니다. 이번 파트에서는 일상 이미지를 다양한 스타일로 바꿔보는 흥미로운 방법들을 소개합니다.

▲ 셀카를 잡지 표지로 변신시키기

▲ 여러 사진을 모아 하나로 콜라주하기 ▲ 인물 사진을 민화 스타일로 바꾸기

이게 되네?
미친 활용 47

셀카를 잡지 표지로 변신시키기

예제 파일 47_before.png
완성 파일 47_after_1.png, 47_after_2.png, 47_after_3.png, 47_after_4.png, 47_after_5.mp4

인물이 선명하게 나온 원본 사진이 필요하며, 고해상도일수록 결과가 자연스럽습니다. 패션, 뷰티, 라이프스타일 잡지처럼 적용하고 싶은 잡지 스타일을 미리 정해두면 더 만족스러운 결과를 얻을 수 있습니다.

미드저니

Before

iPhone selfie of a pretty 20-something Korean influencer, background with power lines, clear sky. --ar 3:4 --raw

한국의 예쁜 20대 인플루언서의 아이폰 셀피, 전선이 있는 배경, 맑은 하늘. --ar 3:4 --raw

나노바나나/씨드림

❶ Make this person the cover model for the November issue of Vogue magazine. Dress her in Vogue-style outfits, change her hair and makeup, give her a confident pose and facial expression, design the cover of Vogue, and the model's name is Han Ji Yeon.

이 인물을 11월호 보그 잡지 표지 모델로 만들어줘. 보그 스타일의 의상과 헤어와 메이크업, 자신감 넘치는 포즈와 표정으로 변경, 보그 표지 디자인, 모델의 이름은 Han Ji Yeon.

이번 실습에서는 일상적인 셀카나 인물 사진을 잡지 표지처럼 세련된 콘텐츠로 바꾸는 방법을 알아봅니다. 촬영 없이도 다양한 장소와 의상, 헤어와 메이크업까지 바꾸어 잡지 표지 속의 주인공이 되어보세요.

❷ Make this person the cover model for the November issue of Elle magazine. Dress her in Elle style, change her hair and makeup, put her in lovely poses and facial expressions, design the Elle cover, the model's name is Han Ji Yeon.

••• 이 인물을 11월호 엘르 잡지 표지 모델로 만들어줘. 엘르 스타일의 의상과 헤어와 메이크업, 사랑스러운 포즈와 표정으로 변경, 엘르 표지 디자인, 모델의 이름은 Han Ji Yeon.

❸ Make this person the cover model for the January 2026 issue of Cosmopolitan magazine. Dress her in an innocent outfit and hair and makeup in Cosmopolitan style, change her into a lovely sitting pose and facial expression, design the cover of Cosmopolitan, the model's name is Han Ji Yeon.

••• 이 인물을 2026년 1월호 코스모폴리탄 잡지 표지 모델로 만들어줘. 코스모폴리탄 스타일의 청순한 의상과 헤어와 메이크업, 사랑스러운 앉아있는 포즈와 표정으로 변경, 코스모폴리탄 표지 디자인, 모델의 이름은 Han Ji Yeon.

After

이게 되네?
미친 활용 48

특별한 순간의
파티 분위기로 연출하기

예제 파일 48_before.png
완성 파일 48_after_1.png, 48_after_2.png

인물이 뚜렷하게 나온 원본 사진이 필요합니다. 생일 케이크나 장식, 파티 조명 같이 분위기를 설명하는 키워드를 함께 지정해주면 더욱 자연스러운 결과를 얻을 수 있습니다.

미드저니

> A photo of the beautiful and cute korean actress, 20 years old, smiling with her hands on her chin, long black hair, wearing a white sweater with a beige cardigan, against a simple background. --ar 128:85

💬 20세의 아름답고 귀여운 한국 여배우가 턱에 손을 대고 웃고 있는 사진, 긴 검은 머리, 베이지색 가디건에 흰색 스웨터를 입고 단순한 배경에 흰색 스웨터를 입고 있는 사진. --ar 128:85

Before

이 작업은 평범한 인물 사진을 특별한 순간의 추억처럼 연출해봅시다. 실제로 파티에 참여하지 않았더라도 생일 파티 분위기를 담은 콘텐츠나 기념 이미지를 손쉽게 만들 수 있어 SNS 업로드나 이벤트용 비주얼에 효과적입니다.

나노바나나/씨드림

Change to a colourful and luxurious **birthday party** in progress. Dark party room, some lighting, over-the-shoulder shot of people celebrating, out-of-focus back of the head, natural poses.

화려하고 고급스러운 **생일 파티** 중인 것으로 변경. 어두운 파티룸, 약간의 조명, 축하해주는 사람들의 오버더숄더 샷 뒷모습 아웃포커싱, 자연스러운 포즈.

After

피로연 느낌으로도 바꿔보세요

미친 활용 49

인물 사진을 명화 스타일로 바꾸기

예제 파일 49_before_1.png, 49_before_2.jpg
완성 파일 49_after.jpg

명화에 적용할 인물 사진을 먼저 준비하세요. 그리고 인물을 집어넣을 명화 이미지를 준비하세요. 이때, 명화 이미지의 얼굴 부분은 그림판이나 포토샵 등으로 지워 놓아야 합니다.

> **미드저니**
>
> A photo of a beautiful young korean woman with long, straight hair, smiling and wearing a white tank top, against a beige background, in a minimalistic style. --ar 4:3
>
> 베이지색 배경에 흰색 탱크톱을 입고 웃고 있는 긴 생머리의 아름다운 젊은 한국 여성이 미니멀한 스타일로 찍은 사진. --ar 3:4 --raw

Before

얼굴을 지운 명화 이미지도 준비하세요

준비한 인물 사진을 활용해 고전 명화 속 주인공처럼 재탄생시키겠습니다. 단순한 인물 사진이 예술 작품처럼 변신하면서 특별한 분위기를 연출할 수 있습니다. 실제 명화의 질감과 색감을 살려 새로운 감성의 이미지를 만들어보세요.

> 씨드림
>
> Seamlessly blend the face in image 1 into the white marks in image 2, replacing the face in image 2 with the face in image 1.

💬 1번 이미지의 얼굴을 2번 이미지의 흰색 표시한 부분에 자연스럽게 합성, 2번 이미지의 얼굴을 1번 이미지의 얼굴로 바꾸기.

After

미친 활용 50 — 인물 사진을 픽셀아트로 바꾸기

예제 파일 50_before.png
완성 파일 50_after.png

실습을 시작하기 전에, 픽셀아트로 변환할 인물 사진을 준비해주세요.

> **나노바나나**
>
> A young woman at an amusement park, holding and eating a colorful ice cream cone with two scoops(vanilla and strawberry). She wears a light blue floral dress with short sleeves. The background shows a ferris wheel, carousel, and pastel carnival rides under a clear blue sky. Bright and cheerful atmosphere, photorealistic style, 4K detail.

💬 놀이공원에서 아이스크림 콘(바닐라와 딸기 2스쿱)을 들고 먹고 있는 젊은 여성. 짧은 소매의 하늘색 꽃무늬 원피스를 입고 있다. 배경에는 관람차, 회전목마, 파스텔톤의 놀이기구들이 보이고 맑은 파란 하늘이 펼쳐져 있다. 밝고 즐거운 분위기, 극사실주의 사진 스타일, 4K 디테일.

Before

준비한 이미지를 활용해 고전 게임 그래픽처럼 픽셀 단위로 표현하겠습니다. 이렇게 완성된 이미지는 SNS 프로필, 캐릭터 아바타, 이벤트용 이미지 등으로 다양하게 활용할 수 있습니다. 평범한 사진이 독특하고 레트로한 매력의 콘텐츠로 변신하는 재미를 느껴보세요.

> **씨드림**
>
> Change people and backgrounds to pixel art, pixel art game characters, **Turning around** and facing the camera.

💬 인물과 배경을 픽셀 아트로 변경, 픽셀 아트 게임 캐릭터, **뒤돌아서** 카메라를 바라보는.

After

미친 활용 51

인물 사진을 민화 스타일로 바꾸기

예제 파일 51_before.png
완성 파일 51_after_1.png, 51_after_2.png

배경과 디테일을 얼마나 전통적으로 표현할지에 대한 방향성을 미리 정리해두면 결과물이 훨씬 만족스럽습니다.

미드저니

A 25-year-old male supermodel, featured in Prada fashion magazine, Full-body photo in a chair. --no black and white photo --ar 3:4 --stylize 300

▶ 프라다 패션 잡지에 실린 25세 남성 슈퍼모델, 의자에 앉은 전신 사진. --no 흑백 사진 --ar 3:4 --stylize 300

Before

현대적인 패션 화보를 전통 민화풍으로 변환합니다. 흔히 볼 수 있는 패션 화보를 색다른 예술 작품으로 재탄생시켜봅시다. 단순한 패션 이미지를 문화적 가치가 담긴 아트워크로 확장할 수 있습니다.

> 나노바나나/씨드림

Changed to the style of **traditional ancient Korean folktales drawn on worn brown Hanji paper**, colourful drawings, stamped in one corner with Chinese characters and optimism.

💬 낡은 갈색 한지에 그려진 한국 전통 고대 민화 스타일로 변경, 컬러풀한 그림, 한쪽 구석에 한자와 낙관이 찍힌.

After

"인상주의 유화 스타일로 바꿔줘"

여러 사진을 모아 하나로 콜라주하기

예제 파일 52_before_1.png, 52_before_2.png, 52_before_3.png, 52_before_4.png, 52_before_5.png, 52_before_6.jpg
완성 파일 52_after.jpg

합치고 싶은 사진이나 이미지를 준비해주세요. 직접 찍은 사진이나 생성한 이미지도 좋습니다.

> Collage style, travel, coffee, dessert, camping. --ar 3:4 --stylize 200
>
> 콜라주 스타일, 여행, 커피, 디저트, 디저트, 캠핑. --ar 3:4 --stylize 200

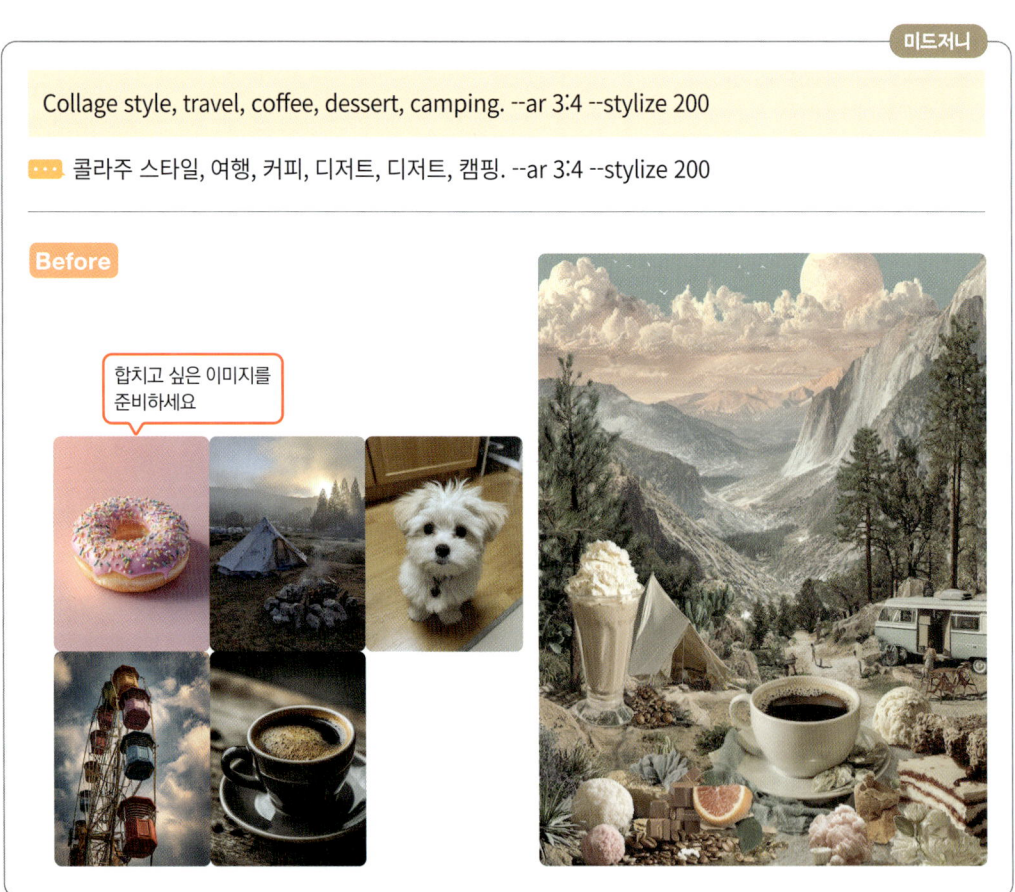

Before

합치고 싶은 이미지를 준비하세요

콜라주는 서로 다른 주제나 분위기의 사진을 한 장 안에서 어울리게 구성할 수 있어, 독특하고 예술적인 결과물을 만들 수 있습니다. 단순 기록 사진이 아닌 스토리텔링 이미지로 활용할 수 있어 포스터, 앨범 커버, 광고 등에도 활용하기 좋습니다.

나노바나나/씨드림

Create a vintage collage image in the style of image 6 using the objects in images 1-5. Cut out each image and glue them together, spelling out each letter of ssaengcho in a different font and size, so that the ssaengcho text reads together and is not scattered.

1~5번 이미지 속 개체들을 활용하여 6번 스타일의 빈티지 콜라주 이미지 만들기. 각 이미지들을 컷아웃하여 아무렇게나 붙인, ssaengcho의 각 스펠링을 모두 다른 폰트와 크기로 오려붙인, ssaengcho 글씨는 함께 읽히도록 흩어져 있지 않게.

After

NOTE 원하는 스타일의 콜라주 이미지를 활용하고 싶다면 6번 이미지를 대체하면 됩니다.

텍스트에 불꽃 효과를 넣은 섬네일 이미지 만들기

이게 되네?
미친 활용 53

예제 파일 53_before.png
완성 파일 53_after.png

영상의 핵심 메시지를 한눈에 보여줄 수 있는 짧고 강렬한 문구가 필요합니다. 문구에 불꽃 효과를 적용하겠습니다. 먼저 영상 채널의 주인공 사진이 필요합니다.

> **미드저니**
>
> A 27-year-old male supermodel portrait from Korea, front view, featured in Prada fashion magazine. --no low angle, blond hair, long hair, black and white photo, side view --ar 3:4

💬 프라다 패션 잡지에 실린 한국 출신의 27세 남성 슈퍼모델 초상화, 정면. --no 로우 앵글, 금발, 긴 머리, 흑백 사진, 옆모습. --ar 3:4

Before

인물의 상체가 잘 보이는 사진을 준비하세요

인물 이미지와 함께 문구에 불꽃 효과를 넣으면 강렬한 느낌을 연출할 수 있습니다.

어려운 디자인 툴을 사용하지 않고도 짧은 시간 안에 눈길을 사로잡는 강렬한 섬네일을 만들어봅시다. 텍스트와 인물, 배경 효과를 직관적으로 조합할 수 있어 클릭률을 높이는 시각적 임팩트를 주기에 좋습니다. 또한 트렌드에 맞는 섬네일을 여러 버전으로 제작해 테스트하기에도 유리합니다.

나노바나나/씨드림

YouTube thumbnail design, man holding both hands to his face, mouth open in surprise, **flaming** "Crazy!! New AI" letters, letters not covering his face, man on left and letters on right, background to match AI.

💬 유튜브 섬네일 디자인, 양손을 얼굴에 갖다대며 입을 벌리고 깜짝 놀란 남성, **불 타는** "Crazy!! New AI" 글자, 얼굴을 가리지 않는 글자, 남성은 왼쪽에 있고 글자는 오른쪽에 있다, 배경은 AI와 어울리는 배경으로.

After

NOTE 제미나이를 통한 나노바나나에서는 첨부한 이미지의 종횡비를 따릅니다. 프리픽에서는 종횡비를 조절해 이미지를 생성할 수 있습니다. **매뉴얼 02**를 참고하여 원하는 종횡비의 이미지를 만들어보세요.

미친 활용 53 텍스트에 불꽃 효과를 넣은 섬네일 이미지 만들기 175

미친 활용 54 — 텍스트에 금속 재질을 입혀 강렬한 오브제 만들기

예제 파일 54_before.png
완성 파일 54_after_1.png, 54_after_2.png

적용할 단어와 함께 원하는 질감이나 광택을 보여줄 참고 이미지를 준비하면 더욱 정확한 결과를 얻을 수 있습니다.

> **미드저니**
>
> A 3D chrome wordmark of the name 'MONO' in a contemporary gothic/tribal heavy metal typeface, floating on a white studio backdrop. The letters are sharp, spiked, and highly reflective, with sunlight glinting off the metal edges. --chaos 15 --ar 16:9 --profile drgituc --stylize 50
>
> 현대적인 고딕/부족의 헤비메탈 서체로 된 'MONO'라는 이름의 3D 크롬 워드 마크가 흰색 스튜디오 배경 위에 떠 있습니다. 글자는 날카롭고 뾰족하며 반사율이 높아 금속 가장자리에서 햇빛이 반짝입니다. --chaos 15 --ar 16:9 --profile drgituc --stylize 50

Before

메탈릭 레터링 이미지를 첨부하면서 다음 프롬프트를 입력해보세요.

손쉽게 메탈릭 레터링 효과를 구현해봅니다. 강렬한 오브제로 만들어 시각적 임팩트를 줄 수 있습니다. 브랜드 로고, 앨범 아트, 포스터 등에서 시선을 사로잡는 시각적 포인트로 사용할 수 있습니다. 포토샵을 사용하지 않고도 독특한 효과를 입힌 정확한 텍스트를 생성할 수 있습니다.

나노바나나/씨드림

Style in the attached image, three-dimensional "Silver Rabbit" lettering made of shiny metallic silver, 2 lines of Silver/Rabbit, letters stuck together, pointed, spiky font, dark space background, planets around the letters, space slightly reflected on the letters.

첨부 이미지의 스타일, 빛나는 메탈릭 실버로 만들어진 입체적인 "Silver Rabbit" 글자, Silver/Rabbit 2줄로 적힌 글자, 글자가 서로 붙어있는, 뾰족하고 날카로운 가시처럼 솟아난 폰트, 어두운 우주 배경, 글자 주변의 행성, 글자에 살짝 비치는 우주.

After

"초코 시럽으로 만들어진 귀여운 Happy Valentine 글자, 2줄로 써진 글자, 탑 뷰, 불규칙한 거리와 크기로 놓여진 다양한 맛의 초콜릿, 분홍색 단색 배경."

NOTE 브랜드 로고가 필요할 때, 마케팅 및 광고 콘텐츠로 활용할 때, 비즈니스 프레젠테이션이 필요할 때, 전시회나 디스플레이가 필요할 때, 시즌별 이벤트를 기획할 때 적극적으로 사용해보세요.

인테리어 스타일 변경하기

예제 파일 55_before.png
완성 파일 55_after_1.png, 55_after_2.png

적용하고 싶은 인테리어 스타일이나 분위기를 미리 정리하고, 색감, 소재, 가구 등에 대한 구체적인 키워드를 준비해야 합니다.

> 미드저니
>
> Chair in front of the washing machine, leisurely, wood table, inside a laundry room with wood, blue, and beige interior. --ar 16:9 --raw
>
> 세탁기 앞의 의자, 여유로운 나무 테이블, 나무, 파란색 및 베이지색 인테리어의 세탁실 내부. --ar 16:9 --raw

Before

같은 공간을 다양한 인테리어 스타일로 바꿔봅시다. 시공 전에 여러 분위기를 비교할 때 유용합니다. 빠른 시각화 덕분에 시간과 비용을 절약하면서도 최적의 디자인 방향을 잡을 수 있습니다.

나노바나나/씨드림

Change to **Memphis-style** interior, dark green, mustard yellow, cobalt blue, white, fluorescent orange, monochrome walls and floors.

멤피스 스타일의 인테리어로 변경, 다크 그린, 겨자색, 코발트 블루, 화이트, 형광 주황, 단색 벽면과 바닥.

"로맨틱 스타일의 인테리어로 바꿔줘. 가구나 소품을 레이스, 실크, 벨벳 등으로 하고, 컬러는 핑크색을 포함한 파스텔톤."

이게 되네? 미친 활용 56

집안의 가구 바꿔보기

예제 파일 56_before.png
완성 파일 56_after.png

가구, 커튼, 조명 등 변경하려는 구체적인 요소와 원하는 스타일, 색감 기준을 미리 정리해 명확히 지시하면 원하는 스타일을 만들 수 있습니다.

미드저니

A modern luxury kitchen interior advertising photo with low angle shots, cameras placed near the upward-facing floor, dramatic perspective emphasizing height and dominance, subjects towering above viewers, cinematic composition, four-panel white refrigerators, wood sink, wooden table, cobalt blue chair, beige wall, one framed painting painted in black and white, food on the table, beige wallpaper, antique and more. --ar 1:1 --raw

💬 로우 앵글 샷, 위를 향하는 바닥 근처에 배치된 카메라, 높이와 지배력을 강조하는 극적인 원근법, 시청자 위에 우뚝 솟은 피사체, 영화 같은 구도, 4 패널 흰색 냉장고, 나무 싱크대, 나무 테이블, 코발트 블루 의자, 베이지색 벽, 흑백으로 그려진 액자 그림 하나, 식탁 위의 음식, 베이지색 벽지, 앤티크 등이 있는 현대적인 고급 주방 인테리어 광고 사진. --ar 1:1 --raw

Before

커튼, 조명, 러그, 가구처럼 일부 요소만 바꿔보면 큰 공사 없이도 분위기 변화를 미리 확인할 수 있습니다. 실제 교체 전에 여러 스타일을 빠르게 비교할 수 있어 시행착오를 줄이고 선택의 폭을 넓힐 수 있습니다. 소규모 리모델링이나 부분 인테리어를 고민할 때 적극 활용해보세요.

> 나노바나나/씨드림

Change the lighting to a chandelier, change the walls to simple mouldings, add a window to the sink and chiffon curtains, change the rug to a simple, luxurious rug, change the marble dining table and antique blue seat chairs, change the fridge to a modern, luxurious white fridge.

최고급 인테리어로 변경, 조명을 샹들리에로 변경, 벽면은 심플한 몰딩 디자인, 싱크대에 벽면에 창문과 쉬폰 커튼 추가, 심플하고 고급스러운 러그로 변경, 대리석 식탁과 앤틱한 블루 시트 의자로 변경, 모던하고 고급스러운 흰색 냉장고로 변경.

After

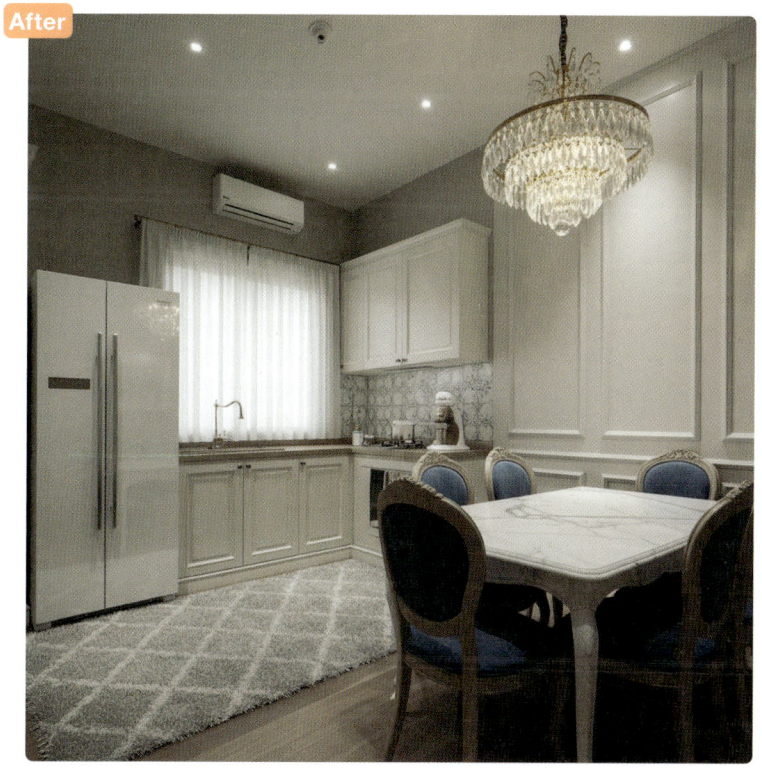

이게 되네?

PART 05

내 일상을 화려하게 바꾸는 AI 마법

`셀카` `프로필 사진` `인물 보정`
`반려동물` `캐릭터`

여기서 공부할 내용

일상 속에서 AI를 활용해 나만의 이미지를 색다르게 변주하는 즐거움을 경험할 수 있습니다. 단순한 셀카나 반려동물 사진도 증명사진, 캐릭터화, 초상화, 패러디 이미지 등으로 손쉽게 변환할 수 있어 창의적인 기록과 표현의 폭이 넓어지고, 나아가 소셜미디어 프로필, 선물용 이미지, 재미있는 놀이 소재 등 실생활에서 바로 활용할 수 있는 결과물을 만들 수 있습니다. 또, 사진 보정이나 업스케일링 같은 기능도 함께 익힐 수 있어 추억을 더 선명하고 특별하게 보존할 수 있습니다.

▲ 흑백사진에 색을 입혀 생생한 추억으로 복원하기

▲ 흐린 날씨의 사진을 맑은 날씨로 탈바꿈하기

▲ 소품 배치 시뮬레이션하기

▲ 일상 사진을 수채화 스타일 작품으로 바꾸기

▲ 반려동물 사진을 캐릭터로 재현하기

미친 활용 57

소품 배치 시뮬레이션하기

예제 파일 57_before.png
완성 파일 57_after_1.png, 57_after_2.png

추가하고 싶은 소품의 종류와 원하는 분위기를 정리해두고, 전체 공간과 잘 어울릴 수 있도록 배치 아이디어를 함께 준비해보세요.

미드저니

> The interior of the cafe has a luxurious Korean interior, delicious desserts, gourmet coffee machines, gold and white colours, spaciousness, velvet chairs and marble tables. --ar 3:2 --raw

💬 한국의 고급스러운 인테리어의 카페 내부, 먹음직스러운 디저트, 고급 커피 머신, 금색과 화이트 색상, 넓은 규모, 벨벳 의자와 대리석 테이블. --ar 3:2 --raw

Before

집이나 매장을 꾸밀 때 소품을 직접 들여놓기 전에 미리 시안을 확인해보면, 실제로 적용했을 때 어떤 분위기가 연출될지 쉽게 가늠할 수 있습니다. 덕분에 큰 비용이나 공사를 들이지 않고도 다양한 소품 배치를 실험할 수 있습니다.

나노바나나/씨드림

Add **a small vase** on top of each table, and **one large planter** to the right.

각 테이블 위에 **작은 꽃병** 추가, 오른쪽에 **큰 화분** 하나 추가.

After

다른 소품으로 분위기를 바꿔보세요

미친 활용 58

스튜디오에서 촬영한 듯한 프로필 사진 만들기

예제 파일 58_before.png
완성 파일 58_after_1.png, 58_after_2.png

원본 사진은 얼굴이 정면에 가깝고 흐림이나 과도한 그림자가 없는 것이 좋습니다. 배경이 단순할수록 더 자연스러운 결과가 나옵니다.

Before

나노바나나/씨드림

❶ Proof photo looks like it was taken in a professional studio, person is front and centre, clean beige background, even lighting with no shadows, sharp details, white chiffon blouse, confident and friendly expression, super high resolution, passport photo quality, professional look. Little make-up, well-groomed hair.

💬 전문 스튜디오에서 촬영한 듯한 증명사진, 인물이 정중앙에 위치, 깔끔한 베이지색 배경, 그림자 없는 고른 조명, 선명한 디테일, 흰색 쉬폰 블라우스, 자신감 있고 친근한 표정, 초고해상도, 여권 사진 퀄리티, 전문 사진 느낌. 거의 하지 않은 화장, 단정한 머리.

AI를 활용하면 따로 스튜디오를 찾지 않아도 집에서 손쉽게 전문 사진관 퀄리티의 이미지를 만들 수 있습니다. 또 한 장의 일상 사진을 가지고도 다양한 버전의 프로필 사진으로 빠르게 변환할 수 있어 필요할 때마다 유연하게 대응해보세요.

❷ Clean, professional profile photo, thigh-length composition, even lighting with no shadows, natural soft lighting, natural open-handed pose, sharp, detailed expression, pastel-coloured suit and simple white blouse, friendly smile, minimalist and sophisticated, perfect for LinkedIn or company profiles. Light grey background.

💬 깔끔하고 전문적인 프로필 사진, 허벅지 라인까지 나오는 구도, 그림자 없는 고른 조명, 자연스러운 소프트 조명, 자연스러운 두 손을 모은 포즈, 선명하고 디테일이 살아있는 표현, 파스텔톤 정장과 흰색 심플한 블라우스, 친근한 미소, 미니멀하고 세련된 분위기, 링크드인이나 회사용 프로필에 적합. 연한 회색 배경.

After

> **NOTE** 이렇게 만든 이미지는 실제 증명사진이나 여권 사진 등 공식적인 용도로 사용하면 안 됩니다. SNS 프로필용으로 적합하니 명심하세요.

이게 되네?
미친 활용
59

일상 사진을 수채화 스타일 작품으로 바꾸기

예제 파일 59_before.png
완성 파일 59_after_1.png, 59_after_2.png

원본 사진의 해상도가 너무 낮지 않아야 선과 질감이 깨끗하게 표현됩니다. 수채화, 파스텔톤, 화려한 색감 등 원하는 분위기를 미리 정해 구체적으로 지시하면 보다 완성도 높은 결과를 얻을 수 있습니다.

Before

이번 실습에서는 평범한 사진을 수채화 스타일의 예술 작품으로 변환하는 방법을 배웁니다. 사진이 가진 현실적인 질감 위에 붓 터치와 색의 번짐이 더해지면, 단순한 기록이 따뜻한 감성의 작품으로 재탄생합니다.

나노바나나/씨드림

Change to a pastel **watercolour** portrait and add colourful flowers around the figure.

··· 파스텔톤 **수채화** 초상화로 변경, 인물 주변에 알록달록한 꽃 추가.

After

다양한 화풍을 시도해보세요

미친 활용 60 — 반려동물 증명사진 만들기

예제 파일 60_before.jpg
완성 파일 60_after_1.png, 60_after_2.png, 60_after_3.png

반려동물의 얼굴이 정면으로 또렷하게 보이는 사진을 준비해주세요. 배경이 단순할수록 인식이 정확하며, 의상이나 배경색을 미리 지정하면 더욱 완성도 높은 증명사진을 만들 수 있습니다.

반려동물 사진을 활용해 간편하게 증명사진을 제작하는 방법을 배워봅시다. 귀여운 의상을 입히거나 코스프레처럼 독창적인 콘셉트를 시도해 즐거운 결과물을 얻어보세요.

> 나노바나나/씨드림

Turn this puppy photo into a proof. Background is **a solid ivory colour**. Close-up of face, no body, happy expression, not anthropomorphised, full face and shoulders, in a dog's **Grim Reaper outfit**.

💬 이 강아지 사진을 증명사진으로 바꿔줘. 배경은 **아이보리색** 단색. 강아지용 **저승사자 옷**을 입은, 몸은 나오지 않은 얼굴 클로즈업 사진, 행복한 표정, 의인화시키지 않음, 얼굴과 어깨라인이 꽉 찬 사진.

After

좋아하는 패션 스타일이나 브랜드를 입력해보세요

미친 활용 60 반려동물 증명사진 만들기

이게 되네?
미친 활용

61

반려동물 사진에 옷 입히고 배경 바꾸기

예제 파일 61_before.jpg
완성 파일 61_after_1.png, 61_after_2.png

원하는 의상 스타일과 배경 콘셉트를 미리 구체적으로 정한 후 AI에게 수정 요청을 해야 합니다.

Before

반려동물의 옷과 배경을 함께 바꾸면 단순히 스타일만 달라지는 것이 아니라 새로운 상황과 이야기가 만들어져 평범한 사진이 마치 하나의 장면처럼 생동감 있게 변합니다. 실제로는 불가능한 장소나 의상을 손쉽게 구현할 수 있어 색다른 재미를 줍니다.

나노바나나/씨드림

Naturally anthropomorphise a dog and turn it into **a baseball player** wearing a baseball uniform and a small baseball cap, holding a baseball bat, baseball field background, low angle cinematic photo.

💬 강아지를 자연스럽게 의인화시켜서 야구복과 작은 야구 모자를 쓴 **야구선수**로 바꾸기, 야구 배트를 들고 있는, 야구장 배경, 로우 앵글 시네마틱 사진.

After

다양한 직업군으로 변경해보세요.

반려동물 사진을 캐릭터로 재현하기

이게 되네? 미친 활용 62

예제 파일 62_before.jpg
완성 파일 62_after_1.png, 62_after_2.png, 62_after_3.mp4

원본 사진은 반려동물의 생김새가 뚜렷하게 드러나는 것이 좋습니다. 어떤 캐릭터나 콘셉트로 변환할지 미리 정해두면 더 만족스러운 결과를 얻을 수 있습니다.

Before

사진을 단순히 기록하는 데 그치지 않고 캐릭터로 바꾸면 새로운 이야기와 상상력을 입힐 수 있어 훨씬 더 재미있고 특별한 결과물을 얻을 수 있습니다. 현실에서는 불가능한 의상이나 배경도 손쉽게 적용할 수 있으니 창의적으로 바꿔보세요. 완성된 이미지는 프로필, 굿즈 제작 등 다양한 용도로 활용할 수 있습니다.

> 나노바나나/씨드림

Naturally Anthropomorphise a Dog and Turn it into Superman, Flying, Low-Angle Cinematic Photography.

💬 강아지를 자연스럽게 의인화시켜서 슈퍼맨으로 바꾸기, 하늘을 나는, 로우 앵글 시네마틱 사진.

After

내 반려동물과 어울릴 만한 캐릭터를 활용해서 의인화해보세요

재미있는 영상으로도 만들어보세요

미친 활용 62 반려동물 사진을 캐릭터로 재현하기

이게 되네?
미친 활용 63

흐린 날씨의 사진을
맑은 날씨로 탈바꿈하기

예제 파일 63_before.png
완성 파일 63_after.png

비포 이미지는 하늘과 주변 배경이 잘 보이는 구도를 선택하세요. 변환할 때는 쾌청한 낮, 황홀한 석양, 부드러운 아침 햇살 등 원하는 날씨 톤을 미리 정해 두면 보다 자연스럽고 완성도 높은 결과를 얻을 수 있습니다.

미드저니

Cloudy weather with dark clouds, wedding photos for newlyweds. --ar 3:2 --stylize 250

먹구름이 낀 흐린 날씨, 신혼부부를 위한 웨딩 사진. --ar 3:2 --stylize 250

Before

사진 구도와 표정은 좋은데, 날씨가 흐리게 나와 사진을 써먹지 못해서 속상했던 경험이 있나요? 그럴 때는 AI에게 날씨가 흐리게 나온 사진을 주면 맑은 날씨로 잘 바꿔줍니다.

> 나노바나나/씨드림
>
> Change to clear and sunny weather, blue sky, white clouds, a single white bird flying away, green fields and mountains.
>
> 맑고 화창한 날씨로 바꾸기, 파란 하늘, 흰 구름, 멀리 날아가는 흰 새 한마리, 초록색 들판과 산.

전체적인 분위기가 밝아지면서 사진이 더 생동감 있고 긍정적인 느낌을 주고 피사체가 더욱 선명하게 돋보이네요. 만약 이 사진이 여행 사진이나 추억 사진이라면 실제 기억보다 더 아름답고 따뜻하게 재현되어 만족감이 커질 겁니다. 또 청첩장 사진이나 프로필 이미지로 사용하고자 할 때 이 방법이 더 유용할 겁니다.

> **이게 되네?**
> **미친 활용**
> **64**

여러 사진을 하나의 키링으로 묶기

예제 파일 64_before_1.png, 64_before_2.png, 64_before_3.png
완성 파일 64_after.png

나에게 의미 있는 물건의 사진을 준비해주세요. 여러 사진을 준비하기 어렵다면 예제 파일을 사용해도 좋습니다.

Before

198　이게 되네? PART 05 내 일상을 화려하게 바꾸는 AI 마법

각각의 사진을 단순히 나열하는 대신 하나의 키링으로 묶여있는 듯한 구도로 재구성해 특별한 결과물을 만들어 봅시다. 이렇게 완성된 이미지는 실제 키링처럼 아기자기한 느낌이 나 색다른 즐거움을 줍니다.

나노바나나/씨드림

A newlywed doll in number 1, a small macaron in number 2 and a teddy bear in number 3 all on one keyring, close-up of the keyring casually hanging from a woman's bare ivory casual bag.

1번의 신혼부부 인형, 2번의 작은 마카롱, 3번의 테디베어 인형이 하나의 키링에 모두 달려있다, 여성이 맨 아이보리색 캐주얼 가방에 자연스럽게 달려있는 키링 클로즈업.

After

이게 되네? 미친 활용 65

캐릭터가 제품 들고 있는 장면 만들기

예제 파일 65_before_1.png, 65_before_2.png
완성 파일 65_after_1.png, 65_after_2.png, 65_after_3.mp4

실습을 시작하기 전에, 사용할 캐릭터 이미지와 제품 이미지를 각각 준비해주세요.

> **미드저니**
>
> 3D blender style, a cute rabbit in a gold dress. --ar 3:4 --raw --profile i7r8z9h --stylize 200
>
> 💬 3D 블렌더 스타일, 금색 드레스를 입은 귀여운 토끼. --ar 3:4 --raw --profile i7r8z9h --stylize 200

Before

제품 이미지도 준비해주세요

> **나노바나나/씨드림**
>
> Bunny in number 1 holding cosmetics in number 2. 3D blender style, feminine vanity mirror standing in front of a mirror, sitting at a modern vanity table.
>
> 💬 1번의 토끼가 2번의 화장품을 들고 있다. 3D 블렌더 스타일, 여성스러운 화장대 거울 앞에 서있는, 현대적인 화장대 테이블에 앉아있다.

제품 이미지를 캐릭터가 직접 들고 있는 장면으로 만들면 단순한 상품 컷보다 훨씬 더 친근하고 재미있게 표현할 수 있습니다. 특히 온라인 홍보나 굿즈 제작에 활용할 때 시선을 끄는 효과가 커집니다.

 **캐릭터가 움직이는 광고 영상을 만들어보세요!**

9:16, 16:9 종횡비로 생성한 이미지를 Sora에 첨부하고 프롬프트 칸에 스토리를 작성해보세요. 고퀄리티의 광고 영상이 만들어집니다. 완성된 영상은 독자 제공 자료의 mp4 파일을 확인해보세요.

미친 활용 66
흑백사진에 색을 입혀 생생한 추억으로 복원하기

예제 파일 66_before.jpeg
완성 파일 66_after_1.png, 66_after_2.mp4

낡은 흑백 사진, 컬러 사진으로 바꾸고 싶은 사진을 스마트폰으로 찍어서 준비해주세요.

위스크

A creased 1950s black and white photograph of a Korean family in traditional clothing, gathered around a table for a meal. The family includes a grandmother, grandfather, father, mother, daughter, and son, captured in the warm light of a late evening.

전통 의상을 입은 한 한국 가족이 식탁에 둘러앉아 식사를 하고 있는 1950년대 흑백 사진 한 장이 구겨져 있습니다. 늦은 저녁의 따뜻한 햇살 아래 있는 할머니, 할아버지, 아버지, 어머니, 딸, 아들로 구성된 가족.

Before

흑백으로만 남아 있던 옛 사진을 컬러로 복원해봅시다. 색이 입혀진 순간, 오래된 기억이 생생하게 되살아나며 마치 그때로 돌아간 듯한 감동을 느낄 수 있습니다. 인물의 표정이나 풍경의 질감이 살아나면서 당시의 분위기를 새롭게 체험할 수 있고, 가족이나 지인과 함께 나누면 더욱 따뜻한 추억이 됩니다.

나노바나나/씨드림

Replace with a colour photo with vibrant colours. Replace with a modern photo taken in 2025, removing tears and creases. Warm sunshine.

💬 색상이 선명한 컬러사진으로 바꾸기. 2025년에 찍은 현대적인 사진으로 바꾸기, 찢어지고 구겨진 것을 제거하기. 따뜻한 햇살.

 쌩초보 꿀팁   흑백 사진이 컬러 사진이 되는 영상을 만들어보세요!

부모님의 옛날 사진첩에 흑백 사진이 있나요? 그럼 흑백 사진이라 아쉬웠던 적도 있을 겁니다. 또 컬러 사진이라면, 동영상이라면 어떤 느낌일지 궁금했을 겁니다. 생동감을 불어넣어 특별한 추억을 만들어보세요.

미친 활용 67
저해상도 이미지를 고해상도로 업스케일링하기

예제 파일 67_before.png
완성 파일 67_after.png

비포 이미지는 초점이 흐릿하거나 해상도가 낮은 사진을 준비하면 좋습니다. 이를 바탕으로 선명도와 질감을 되살리는 과정을 직접 체험합니다.

미드저니

Boy and girl. --ar 3:2 --raw --profile yd4a6te --stylize 300

소년과 소녀. --ar 3:2 --raw --profile yd4a6te --stylize 300

Before

오래되거나 흐릿한 사진을 AI로 선명하게 복원하는 방법을 알아봅시다. 고해상도가 된 사진으로 추억을 더 생생하게 감상할 수 있습니다. 인쇄나 액자 제작 시에도 품질 저하 없이 고급스럽게 완성됩니다.

나노바나나/씨드림

Replace with a sharp, high-resolution photo. Replace with a photo that's steady, in focus, has vivid colours, and isn't blurry.

선명한 고해상도 사진으로 바꾸기. 흔들리지 않고 초점이 정확하게 맞은 사진으로 바꾸기, 선명한 색상, 흐릿하지 않은.

After

NOTE Seedream4 4k 생성 모델을 사용하면 실제 해상도도 높아집니다.

실사 인물과 캐릭터를 한 장면에 합성하기

미친 활용 68

예제 파일 68_before_1.png, 68_before_2.png
완성 파일 68_after.png

다음 프롬프트를 입력하고 실사 인물 사진을 첨부하여 3D 캐릭터를 만드세요.

> 나노바나나
>
> Transform the photo into a collectible painted PVC figure with glossy clear coat, product photography look, on a display stand next to its package box, Convert the entire person into a cute and lovely 3D animation character, long brown hair, with a big head and small body, like a toy figure. The style should look like C4D or Blender rendering, with smooth materials, round shapes, and vibrant colors. The transformation must apply to the whole body, not just the face. natural contact shadow, shallow depth of field, 50mm lens look.

••• 사진을 패키지 상자 옆 진열대에서 광택이 나는 투명 코팅, 제품 사진처럼 보이는 소장용 페인트 PVC 피규어로 바꾸고, 사람 전체를 장난감 피규어처럼 큰 머리와 작은 몸을 가진 귀엽고 사랑스러운 3D 애니메이션 캐릭터, 긴 갈색 머리로 변환하세요. 스타일은 부드러운 재질, 둥근 모양, 생생한 색상으로 C4D 또는 블렌더 렌더링처럼 보여야 합니다. 얼굴뿐만 아니라 몸 전체에 변형이 적용되어야 합니다. 자연스러운 컨택트 섀도, 얕은 피사계 심도, 50mm 렌즈 룩.

Before

캐릭터로 만들고 싶은 실사 인물 사진을 준비하세요

이번 실습에서는 실사 인물과 캐릭터 이미지를 한 장면으로 자연스럽게 합성합니다. 굿즈 홍보·캐릭터 브랜딩·패키지 시안 제작에 효과적으로 활용할 수 있습니다. 특히 팬 굿즈나 SNS 캠페인용 이미지로 활용해보세요.

다음 프롬프트를 입력하고 실사 인물 사진을 1번, 방금 만들었던 3D 캐릭터 이미지 2번으로 첨부하여 자연스럽게 합성해보세요.

> 나노바나나/씨드림

Seamlessly combine the live-action person in image 1 and the figure toy in image 2 into one image, figure next to live-action person.

••• 1번 이미지의 실사 인물과 2번 이미지의 피규어 장난감을 하나의 이미지에 자연스럽게 넣기, 실사 인물 옆에 있는 피규어.

After

미친 활용 69

30년 후 이미지 만들기

예제 파일 69_before.png
완성 파일 69_after_1.png, 69_after_2.png

원본 사진은 얼굴이 선명하게 드러나는 정면 혹은 반정면 구도가 가장 적합합니다. 이렇게 하면 AI가 표정을 인식하고, 자연스러운 나이 변화를 구현하기 용이합니다.

미드저니

> Front shot of portrait photo, profile id photo, pretty woman, 20 year old, young Korean influencer, simple background, brunette, front shot, face close-up, face zoom in. --no Freckles, blemishes, melasma --ar 3:4 --raw

💬 인물 사진의 앞면 샷, 프로필 id 사진, 예쁜 여자, 20세, 한국의 젊은 인플루언서, 단순한 배경, 갈색 머리, 정면 샷, 얼굴 클로즈업, 얼굴 확대. --no 주근깨, 잡티, 기미 --ar 3:4 --raw

Before

이렇게 생성된 이미지는 어디까지나 시뮬레이션이므로 실제와 다를 수 있다는 점을 인지하고 재미와 상징적인 의미로 활용하는 태도가 필요합니다.

이번 실습에서는 한 인물의 '시간의 흐름'을 시각적으로 표현하는 방법을 배웁니다. 같은 사람의 어린 시절, 현재, 노년의 모습을 만들어 보며 인생의 변화를 한눈에 느낄 수 있습니다. 이를 통해 가족이나 친구와 함께 추억을 나누는 감성 콘텐츠를 만들거나, 스토리텔링 프로젝트에서 인물의 서사를 더욱 깊이 있게 표현할 수 있습니다.

나노바나나/씨드림

Replace this person with a **90-year-old woman**. Change her face to a sickly-looking face, a thin, thin body, a bare face with no make-up, and a simple hanbok. White hair, less hair than now, tied back neatly, smile.

이 인물을 90살 할머니로 바꿔줘. 아파보이는 얼굴, 얼굴이 갸름하고 마른 체형, 화장을 전혀 하지 않은 맨얼굴, 옷은 단아한 한복으로 바꿔줘. 흰 머리, 머리숱은 지금보다 적게 하여 뒤로 단정히 묶은, 미소.

After

어릴 때 모습으로도 바꿔 보고, 연령대에 어울리는 의상으로도 바꿔보세요

미친 활용 70

미래의 내 자식 얼굴은?

예제 파일 70_before_1.png, 70_before_2.png
완성 파일 70_after_1.png, 70_after_2.png

참조할 사진은 두 사람의 얼굴이 선명하게 드러나는 정면 또는 반정면 구도가 가장 적합하며, 조명이나 배경이 단순할수록 결과가 깨끗하게 나옵니다.

Before

아이의 예상 이미지는 어디까지나 시뮬레이션이므로 실제와 다를 수 있다는 점을 이해하고 재미와 상징적인 의미로 활용하는 태도가 필요합니다.

두 사람의 사진을 기반으로 미래 자식의 얼굴을 예상해보면 단순한 호기심을 넘어서 두 사람의 특징이 어떻게 조화될지 미리 경험할 수 있습니다. 가족이나 지인과 공유하면서 즐거운 대화를 나누고, 결혼이나 출산을 준비하는 과정에서 의미 있는 상징적인 이미지로 활용할 수도 있습니다.

> 나노바나나/씨드림

❶ Their 5-year-old daughter, who looks like both of them. small eyes, wearing a cute character T-shirt, looking straight ahead, bright expression, hair in a cute bun.

💬 두 사람이 낳은 5살 딸의 모습. 두 사람을 모두 닮은 자녀. 작은 눈, 귀여운 캐릭터 티셔츠를 입은, 정면을 보는, 밝은 표정, 귀엽게 묶은 머리.

❷ The 5-year-old son of two people, who looks like both of them. Not big, long eyes to the side, shining eyes, wearing a cute t-shirt, looking straight ahead, bright expression.

💬 두 사람이 낳은 5살 아들의 모습. 두 사람을 모두 닮은 자녀. 크지 않고 옆으로 긴 눈, 빛나는 눈빛, 귀여운 티셔츠를 입은, 정면 보는, 밝은 표정.

After

미친 활용 71 - 인물 사진으로 영화 포스터 만들기

예제 파일 71_before.png
완성 파일 71_after_1.png, 71_after_2.png

원본 사진은 얼굴과 표정이 선명하게 드러나는 고해상도가 좋고, 불필요한 배경은 최소화해야 자연스럽게 합성됩니다. 할리우드 블록버스터, 아트무비, 빈티지 영화 등 원하는 포스터 장르와 분위기를 미리 정해두면 원하는 결과물에 가까워질 수 있습니다.

> **미드저니**
>
> Front of a 27-year-old male supermodel portrait from Korea, featured in Prada fashion magazine. --no blond hair, long hair, black and white photo, side view --ar 3:4

💬 프라다 패션 잡지에 실린 한국 출신 27세 남성 슈퍼모델 초상화 앞면. --no 금발, 긴 머리, 흑백 사진, 옆모습 -- ar 3:4

Before

평범한 셀카나 프로필도 단숨에 영화 포스터처럼 시네마틱한 작품으로 변신할 수 있습니다. 또한 액션, 로맨스, 판타지 등 다양한 장르로도 만들 수도 있습니다. 이렇게 만든 개성 있는 사진을 SNS에 업로드하거나 프로필 사진으로 활용하세요.

나노바나나/씨드림

Turn it into a **90s Hollywood noir film poster. Vintage retro vibes.**

90년대 할리우드 느와르 영화 포스터로 바꿔줘. **빈티지 레트로 분위기.**

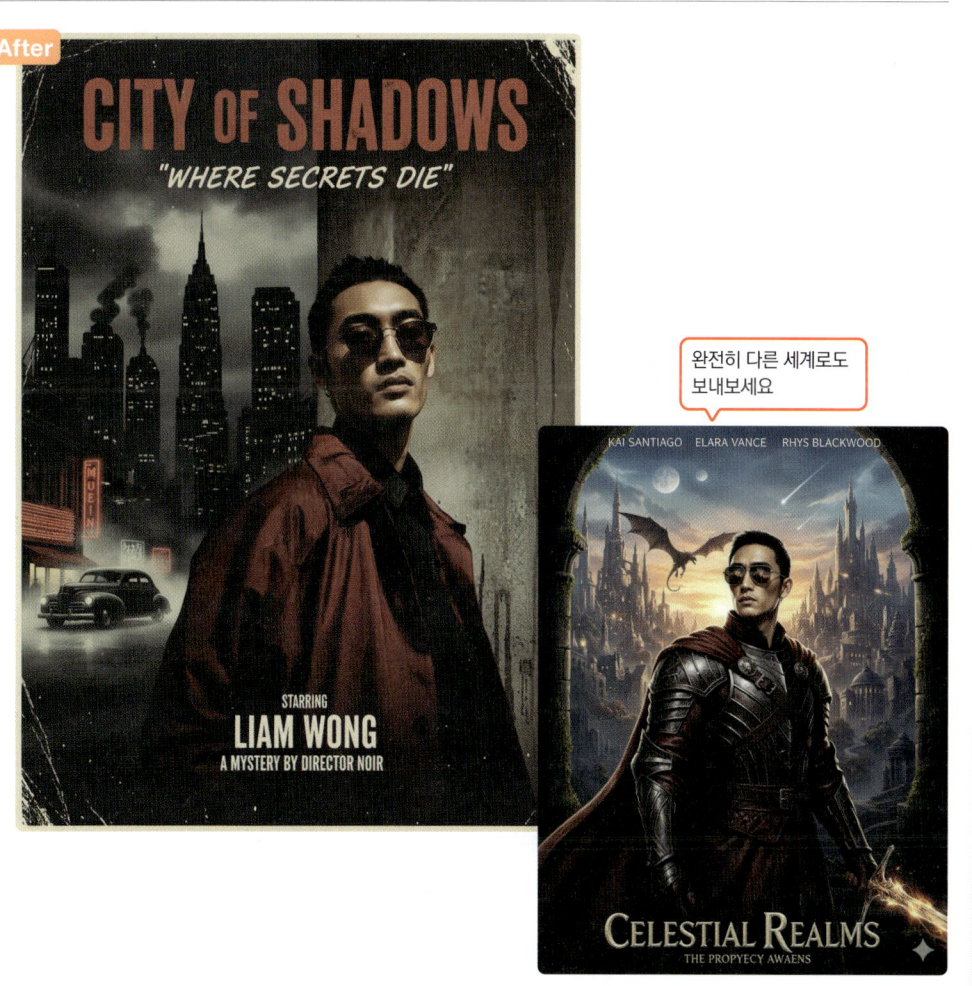

완전히 다른 세계로도 보내보세요

이게 되네?

BONUS

AI 사진, 어디에 써먹나요?

`광고 영상` `광고 배너`
`포스터` `상세페이지` `공모전`

▲ CGV AI 영화제 대상 및 할리우드 최고 AI 영화상 수상작

▲ 매경미디어그룹 AI 광고 공모전 우수상

앞부분에서 여러 이미지 생성·편집 사례를 살펴봤다면, 이제는 그 결과물들이 실제 작업과 일상 속에서 얼마나 다양하게 쓰일 수 있는지 직접 확인해볼 차례입니다. 여러분도 자신의 프로젝트에 대입해보며 가능성을 넓혀보세요. 책을 덮는 순간, '이제는 나도 뭐든 만들어보고 활용할 수 있겠다!'는 확신이 자연스럽게 생길 것입니다. 여기까지 오신 여러분은 이미 새로운 시도를 시작할 준비가 충분히 되어 있습니다.

▲ 스타필드 크리스마스 시즌 광고

▲ 여행 상품 광고 배너

▲ 코스모뷰티 포스터

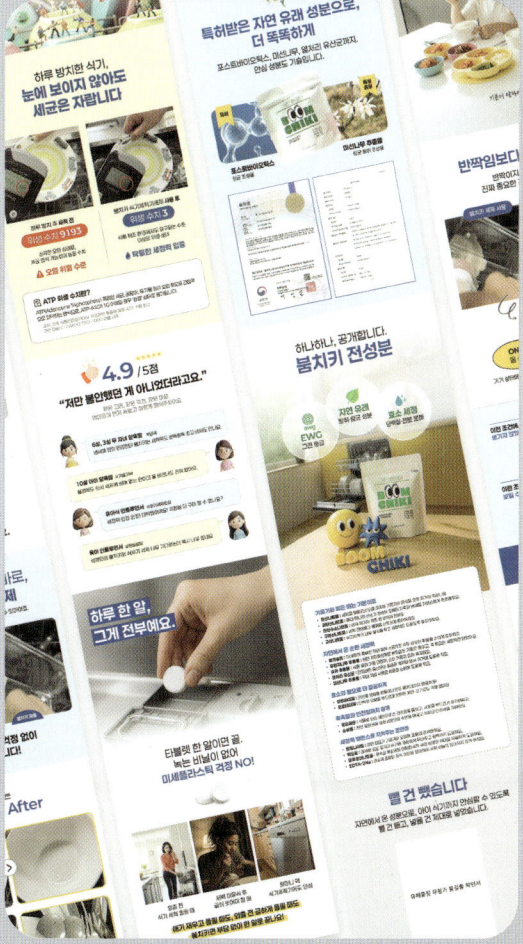

▲ 상품 상세페이지 디자인

이게되네?

나노바나나 AI 비포&애프터 미친 활용법 71제

포토샵 없이 원하는 이미지 5초 컷!
씨드림, 미드저니, 소라, 위스크까지 나만의 AI 사진관 한 권으로 끝내기

1판 1쇄 발행 2025년 12월 12일
1판 2쇄 발행 2025년 12월 29일

지은이 쌩초
펴낸이 최현우 · **기획** 박우현, 윤신원 · **편집** 아이기스, 김성경, 박우현, 윤신원, 임민정, 최혜민, 토인비
디자인 복희 · **조판** SEMO
마케팅 루카스 · **피플** 최순주

펴낸곳 골든래빗(주)
등록 2020년 7월 7일 제2020-000183호
주소 서울특별시 마포구 양화로 186 LC타워 4층 449호
전화 0505-398-0505 · **팩스** 0505-537-0505
이메일 ask@goldenrabbit.co.kr
홈페이지 www.goldenrabbit.co.kr
SNS facebook.com/goldenrabbit2020

ISBN 979-11-94383-61-1   93000

* 파본은 구입한 서점에서 바꿔드립니다.

우리는 가치가 성장하는 시간을 만듭니다.

골든래빗은 가치가 성장하는 도서를 함께 만드실 저자님을 찾고 있습니다.
내가 할 수 있을까 망설이는 대신, 용기 내어 골든래빗의 문을 두드려보세요.
apply@goldenrabbit.co.kr

이 책은 대한민국 저작권법의 보호를 받습니다.
일부를 인용 또는 재사용하려면 반드시 저자와 골든래빗(주)의 동의를 구해야 합니다.

골든래빗 바로가기